体验式活动，让生命点燃

李志华◎编著

吉林文史出版社
JILIN WENSHI CHUBANSHE

图书在版编目（CIP）数据

体验式活动，让生命点燃 / 李志华编著. — 长春：吉林文史出版社，2021.8
ISBN 978-7-5472-7974-8

Ⅰ. ①体… Ⅱ. ①李… Ⅲ. ①课外活动—教学研究—中小学 Ⅳ. ①G622.428

中国版本图书馆CIP数据核字（2021）第167748号

体验式活动，让生命点燃
TIYANSHI HUODONG，RANG SHENGMING DIANRAN

编　　著：李志华
责任编辑：吕　莹
封面设计：言之凿
出版发行：吉林文史出版社有限责任公司
电　　话：0431-81629369
地　　址：长春市福祉大路5788号
邮　　编：130117
网　　址：www.jlws.com.cn
印　　刷：北京政采印刷服务有限公司
开　　本：170mm × 240mm　1/16
印　　张：14
字　　数：252千字
版印次：2021年8月第1版　2021年8月第1次印刷
书　　号：ISBN 978-7-5472-7974-8
定　　价：45.00元

编 委 会

前言

体验式培训在我国虽然历经了多年的飞速发展，但与美国、英国和澳大利亚等国家相比，在从业者整体水平、课程研发与创新、理论研究和学科发展等方面仍有较大的差距，特别是在当前各种教育理念与价值观的相互影响下，缺乏对体验式培训本质与规律的正确解读，使体验学习应有的丰富内涵与核心价值受到了极大的限制，其功能也难以发挥。

庆幸的是，伴随着我国教育改革的不断深入与素质教育思想的持续推进，体验式培训已形成了多元学科交叉视域下的较为复杂的实践活动在教育行业中应用，但是，在缺少相关教材和专业书籍的情况下，如何将各种具体和抽象的内容进行迁移和转化，以呈现出更为有效的活动效果，这个问题深深困扰着我，让我倍感力不从心。也正是因此，我萌生出写一本属于教师教育者体验式活动专业指导书的想法。本书即是这一想法的实践成果。

本书分五章对体验式培训进行系统的阐述：第一章主要阐述体验式教学模式与体验式活动；第二章主要阐述学习共同体，包括学习共同体的概述、学习共同体与学校教学的关系和学习共同体的构建；第三章主要阐述体验式活动的组织与实施；第四章主要阐述体验式活动引导反思的意义、组织和技术；第五章用具体实例来解读体验式活动。

本书由李志华名班主任工作室团队共同编著。在撰写过程中我们查阅了大量资料文献作为参考，引用了大量相关领域的最新成果与资料，在此向这些专家和学者致以衷心的感谢。由于笔者时间和精力有限，不足之处在所难免，敬请各位同行和广大读者予以批评指正。

目 录

体验式教学模式与体验式活动

第一节　体验与体验式教学概述

在传统的教学模式中，教师常常以自我为中心，采用灌输的方式进行教学。这种教学方式过于注重知识的输送和技能的训练，过于强调学生接受知识、死记硬背，教师直接将其自身的体验传授给学生，忽视了学生的自我体验。新课程标准指出：学生是学习和发展的主体，要尊重学生在学习过程中的独特感受、体验和理解。的确，学生既不是摆设的花瓶，也不是冷冰冰的机器人，而是有血有肉的生命个体，有其自己的想法和体验。因此，探讨新的教育理念、新的教育方式已经迫在眉睫。

一、体验的概念与特性

（一）体验的概念

体验，《辞海》解释为：通过实践来认识周围的事物；亲身经历。有专家认为，体验是指人通过眼、耳、鼻、舌等器官或自己身体行为直接感知客观现象，并开动思维认识现象和本质的过程。而刘惊铎教授则认为，体验是一种图景思维活动。其中，“图景”是一种跨越时空的、有机的整体性存在，它同时包含着个体过去的生活经历、当下生活场景之生命感动和未来人生希冀的蓝图。体验的显著特征是内生性、整体性和多元性。

（二）体验的特性

1. 内生性

体验具有内生性，就是指体验不是由外而是由内生成的，正如狄尔泰所说：“体验不是一种外在的、形式性的东西，它是指一种内在的、独有的、发自内心的和生命、生存相联系着的行为，是对生命、对人生、对生活的感发和体悟。”体验和经验的区别也证明了上述观点，“经验是个体立足于客观世界，建立在感官知觉上对事物的认知和反映；体验是以经验为基础，立足于精神世界，个体对事物的意义进行自我建构”。无论是将体验看作发自内心的和生存相联系着的行为，还是将体验看作精神层面的自我建构，实质上都是在强调体验是个体内生的。

2. 整体性

体验具有整体性，是指体验是认知与非认知的融合体，是过程与结果的整合体。从体验的成分来看，在体验过程中，个体必然综合运用了知识与情感，充分调用了思维与直觉，体验“是一种注入了生命意识的经验，是一种个性化了的知识经验”，体验实质上是理性与感性的融合体。从体验的性质来看，体验既具有动词意义上的内涵，也有名词意义上的意蕴。从动词意义来看，体验就是一种认知方式，侧重表示亲身经历与内心感受；从名词意义来看，体验就是一种认知结果，侧重表示具有生命性与个体意义的知识理解、情感态度和深刻领悟。无论是动词意义上的认知方式，还是名词意义上的认知结果，体验都是理性与情感的融合体，即在体验过程中，知识与情感、思维与直觉会积极参与，而在体验结果中，个体也会生成具有独特性的知识与情感。

3. 多元性

体验具有多元性。这种多元性不仅体现在方式的多样中，还体现在过程的有机统一中。体验的方式多种多样，如亲历、反思、领悟等；体验的过程更是亲历、反思与领悟有机统一的过程。因为，如果仅是“以身体之”，那只能称为经历；如果仅是“以身体之，以脑思之”，那只能称为经验；唯有“以身体之，以脑思之，以心悟之”，才称为体验。正是身、脑、心三者的有机统一，才使主体有一种强烈趋近客体，与客体同一的心理倾向，而这种心理倾向又会使主体全身心地融入客体之中，从而使客体也以全新的意义与主体构成一种新的生命化的关系，最终二者不可分割地融合在一起。主客体的这种活生生的融合关系就是体验的关键所在。因而，身、脑、心三者的有机统一是体验产生与运行的必要条件。事实上，将身、脑、心三者统一起来，既是认知与非认知有机统一的具体表征，也是实现体验内生的最佳途径。因此，体验的多元性特征是体验的整体性与内生性对体验方式的内在要求。

二、国内外相关教学思想和理论追述

从古至今，国内外许多教育专家都在此领域做了广泛细致的研究，从杜威的《经验与教育》，到如今的课程改革，体验式学习还在持续中。研究者汇总各个历史阶段丰富的经验，为后人的研究提供了详细、具体、可借鉴的资料。

（一）国外相关教学思想和理论追述

1. 经验教学理论

国外的体验式教育研究首先可追溯到美国著名哲学家、教育家杜威的经验主义教学思想。他在艺术教育方面有很多重要的理论见解。他认为，艺术教育是儿童自然发展的工具，其根本目的是促使儿童自然发展。体验式教学就是为学生提供体验的机会，使其在体验中建构知识，获得成长。

2. 行为主义理论

行为主义理论是一种心理学理论，它认为行为可以不依赖于内在的精神状态而能被科学地研究。行为主义逐渐影响了学习理论，这解释了外部事件（刺激）如何导致个体行为的改变（回答），不要使用“思想”或“想法”之类的概念，也不要使用任何一种心理行为。行为主义包括古典行为主义和新行为主义。俄罗斯心理学家伊凡·巴甫洛夫、美国心理学家约翰·沃森都是著名的古典行为学家，而美国心理学家新行为主义的主要代表人物约翰·沃森发表的文章——《心理学作为行为主义者的观点》被认为是行为主义的入门教科书。为了证明环境条件会导致动物有特定的行为方式，沃森做了很多关于动物和动物行为的实验，他断言人类的行为与动物没有什么不同。沃森的想法受到了许多心理学家的肯定，因此，直到20世纪60年代中期，行为主义理论一直占主导地位。早期的行为主义者试图用刺激和反应来描述学习。

3. 建构主义理论

建构主义理论是一种知识心理学理论，它认为个体是从以往的经验中建构知识的。建构主义在全世界的英语教学中发挥着越来越重要的作用。它告诉人们如何学习知识，并帮助我们在学习过程中发现规则。建构主义对于知识的建构有着广泛的理论基础。研究表明，知识是由学习者积极参与各种活动构成的。建构主义是由著名的儿童心理学家和教育工作者让·皮亚杰提出的。皮亚杰强调团队合作过程的建设性，这是他作品中最重要的部分。他建议个体通过适应和同化的方式，从先前的知识中建构新的知识。同化意味着个体在不改变现有知识结构的情况下吸收新的信息。当个人的经验与他们对世界的内在认知相一致时，就可能发生同化情况。

建构主义认为知识是个人所建构的，还解释了个体对知识的学习和获取方法，以及不同个体如何在认知心理学的基础上建构知识。个人是给定信息和知识的主动处理者，在自己的经验、与他人的交流以及他们所处的环境的帮助下建立或重建对世界的理解。皮亚杰的建构主义学习理论对教学方法和学习理论有着广泛的影响，是许多教育改革的潜在研究课题。福斯托将建构主义视为“关于知识和学习的理论”，即知识是由个人通过其经验和社会活动来建构的。它显示了一个以学习者为中心的环境，在这个环境中，知识和知识的生成是互动和协作的。在学习过程中，学习者主动获取新的信息和知识，将新的信息与旧的信息结合起来，拓宽自己的知识结构。皮亚杰认为，知识的获取是一个不断自我建构的过程，这意味着知识需要由学习者自己发现、发明和再创造，他们学习知识，通过与周围环境的互动和自己的经验来发展知识，因此，学习者可以在感知环境后通过自己的行为来掌握知识。更重要的是，这些行为是积极的、有意义的，而不是随机的、盲目的。

在过去的几个世纪里，人们认为儿童的游戏和行为是随机的和无目的的，但是让·皮亚杰不同意这些传统的观点。他认为儿童的游戏和行为是他们认知发展的重要组成部分，对此，他还提供了科学证据。

一些建构主义学者认为，学习是一个积极的过程，学习者应该学会自己找出原则和事实，这将有利于学生联想和培养直觉思维。事实上，对于社会建构主义者来说，现实并不是我们能够发现的东西，因为它在我们的社会文明之前并不存在。他们认为现实是由人类自己的活动和经验构成的，是人——社会的成员发明了世界的属性。其他建构主义学者强调，个人在环境和与他人互动的帮助下获得信息和知识，因此知识是人类的产物，是社会和文化的产物。学习是一个社会过程，既不是发生在人们的头脑中，也不是被动地超越他人。

在相关的教学思想和理论的支撑下，许多专家学者也都提出了体验式教学在艺术教育领域有针对性的做法。例如，里德提倡通过美术教育促进儿童人格成长，让儿童思维和谐发展。他将儿童分成不同的表现类型，强调尊重儿童的个体差异，因材施教。美国儿童美术教育家艾斯纳指出，美术能为人类教育做的贡献恰恰是别的学科所不能的，教师应合理、有效地引导学生进行艺术的实践和体验。

（二）国内相关教学思想和理论追述

在我国古代，孔子提出“多闻，择其善者而从之，多见而识之”，他强调在教学时要引导学习者多听、多看、多问，让学习者以亲身体验来获得直接经验。宋代思想家朱熹也曾强调，读书学习时要“切己体察”，力求达到“从容乎句读文义之间，而体验乎操存践履之实，然后心静理明，渐见意味”。即读书要身体力行、亲身体验才行，虽然朱熹的这一论述并不直接指向教育，但它对教学的启迪和指导作用却是显而易见的。

由此可见，我国非常注重体验式教学，真正体现了社会对学生身心健康、人文素养的关怀。关注学生的生活经验和学习兴趣、强调自主性和探究性的体验式教学越来越受到广大师生的欢迎。

三、体验式教学的历史沿革

（一）国外体验式教学的历史沿革

1. 英国的体验式训练

第二次世界大战期间，英国大西洋商务船队屡遭德军的袭击，许多年轻的海员因缺乏生存经验而葬身海底。为此，英国牛津大学科翰和其他人创办了户外训练机构，专门训练年轻海员在海上的生存能力，并取得了显著的效果。这就是当时闻名世界的体验式训练，也是国外体验式教学的起源。战争结束后，这种体验式训练以其独特的创意和训练方式逐渐被推广开来，范围由英国扩散到欧洲其他国家，对象由海员扩大到军人、学生、工商业人员等各类群体，目标由单一的生存训练扩展到心理训练、人格训练、管理训练等。

2. 美国的体验学习

体验式训练运用于学校教育教学源于美国。20世纪60年代，体验式训练传入美国后，美国人觉得这种方式很有效，于是，将其广泛地运用于学校教学实践中，先是大学教学，后是中小学教学。经过几年的实践和研究，美国人把这种教学方式演变和总结为“体验学习”。后来，哈佛大学教授大卫·库伯就体验学习从哲学、心理学、生理学等多学科角度进行研究和阐述，发表了大量的论著，使体验学习在美国得到了高度重视。在美国的学校教育中，体验式教学成为主流的教学方式之一。

3. 日本的体验活动

20世纪70年代末期，日本开始反思和改革本国的教育，提出了学习美国和西方发达国家教育的口号，并借鉴英国的体验式训练和美国的体验学习，倡导体验活动。体验活动的目标是训练学生的生存能力，培养学生的发展能力；内容主要为环境教育、国际理解教育等；方式则以体验活动为主；时间约占整个学校教育时间的五分之一。体验活动已成为日本教育的一大特色。

（二）国内体验式教学的沿革

1. 孔子的仁爱教育

我国早就出现了类似的体验式教学，其产生早于国外。远在春秋末期，伟大的教育家孔子就提出了仁爱教育，而仁爱教育所采用的主要教学方式是“体悟”，即通过身体力行感悟仁爱之伟大。这种教学方式一直影响着国内的教育。

2. 陶行知的生活教育

国内近代伟大的教育家陶行知倡导的生活教育，在一定程度上体现了体验式教学的思想与实践。“生活即教育”“社会即课堂”“做中学”揭示了体验式教学的基本教学内容和教学方式，即教育内容以学生的生活世界和社会世界为基本，教学方式以学生的体验为主。

以上所列，仅是国内外体验式教学的代表性历史沿革。从这些代表性历史沿革中可以看出，体验式教学在世界教育历史上时隐时现，时重时轻。

四、体验式教学的时代背景

（一）全球体验时代的到来

随着21世纪的到来，人们的活动方式，如经济方式、生活方式、教育方式等产生了新的变化。这种新的变化以体验为标志。

1. 有一种经济叫“体验经济”

当今社会是日新月异、飞速发展的社会。人们尚未对知识经济进行深入、广泛的研究，而一种新的经济方式又悄然萌生，并迅速蔓延。当人们看到或听到满天飞的情景模拟广告时；当人们漫步在百货商店，商店营业员邀请人们体验一下各种健身器械，或试穿一些新款服装时；当人们晚上或周末在家中，突然有营销员拜访，提议在家中的厨房或卫生间试用清洁剂时，大家是否感觉到，这种新的经济方式——体验营销已来到了每个人的身边？早有人预言，21世纪的经济方式将以体验经济为主。

2. 有一种生活叫“体验生活”

过去，作家为了写作之需，去体验生活；官员为了了解民情，去深入民间。而今，体验生活成为人们生活中一种新的时尚，如生活在城市里的人纷纷到乡村去住农家房、吃农家菜，甚至干农家活，尽情体验乡村自然、朴实的生活。随着社会的发展，人们的生活方式将会发生新的变化，体验生活将成为丰富人们生活的一种新的生活方式。

（二）国外人本教育的兴起

随着社会的不断发展和变化，世界各国都在对本国的教育进行总结与反思、展望与改革。国外一些专家和学者提出了人本教育口号，并迅速得到了世界各国的充分肯定和积极响应。

1. 教育的真谛究竟是什么

教育的真谛究竟是什么？人本教育认为，教育的真谛是促进人的生命的发展，包括人的生命质量的提高、人的生命价值的提升等。

2. 教育内容应以什么为本

既然教育的真谛是促进人的生命的发展，那么教育内容应以什么为本？人本教育认为，教育内容应以学生的生命世界为基本。这是因为学生生命的发展根植于学生的生命世界之中，脱离学生的生命世界，学生的生命发展就无法实现。

3. 教育方式应以什么为主

学生的生命世界包括两个方面：一是学生的生活世界；二是学生的社会世界。学生的生命要在这两种世界中得到发展，就必须置身于这两种世界之中，在亲身经历中学会生存的本领，得到生命的发展。而亲身经历，只有体验这种活动方式才能实现。所以，人本教育的主要方式应为体验式教学。

当前，一种以促进学生的生命发展为教育的根本目的，以学生的生活世界和社会世界为教育的基本内容，以体验式教学为主要方式的新教育模式正在国内外蓬勃兴起。

（三）国内课程教学的改革

我国始于1999年的基础教育课程教学改革，是为了使我国的教育紧跟世界教育发展的步伐，构建新教育的一次教育大变革。这次教育大变革，重点强调了一个核心和一个关键。

1. 一个核心——以人为本

教育要以人为本，这是我国基础教育课程教学改革的核心。以人为本，就是要以人的全面发展为本。这一新的教育观的提出，主要基于以下几个方面：一是顺应社会发展的潮流。当前，整个社会正朝着以人为本的方向发展，以人为本将成为未来社会发展的方向。在这样的背景下，教育必须要凸显以人为本。二是对我国前期教育的反思。受应试教育的影响，我国前期的教育出现了忽视教育主体——学生的存在，把学生当成应试机器的现象，这种现象在很大程度上影响了学生的全面发展。因此，必须改变这种现象，重新确立和落实新的教育观。三是对国外先进教育的借鉴。国外发达国家的教育改革，给我国的教育发展提供了很好的借鉴。国外大多数专家和学者认为以人为本的教育思想代表了一种先进的教育思想，它将是教育改革的方向。正是在以人为本教育思想的指导下，我国的新课程教学在课程设置、教育目的、教学内容、教学方式、教学评价等方面提出了新的要求。

2. 一个关键——改变教学方式

改变教学方式，这是我国基础教育课程教学改革的关键。改变教学方式就是改变我国前期基础教育中存在的过于强调接受式教学的现状，积极倡导学生主动参与、乐于探究、勤于动手，形成自主、合作、探究的学习方式，变过去以知识传授为主的教学方式为以生命体验为主的教学方式。

正是在以上所述的时代背景下，体验式教学将成为当前和未来教育的一种主流教学方式。

五、体验式教学的理论依据

（一）体验是人类生存和发展的基本方式

从人类学的角度看，体验是人类生存和发展的基本方式。人类要生存在这个世界上，必须进行体验。举一个简单的例子：一个人要做一道菜，单有烧菜的知识是不行的，必须亲身进行烧菜的实践，通过实践来应用烧菜的知识，提高烧菜的实际能力。有了这样的烧菜体验，人类才获得了一种生存的本领。人类要在这个世界上得到发展，也往往要通过体验来实现。例如，爱迪生经过了上千次的试验，才获得了成功，给人类带来了光明；同时，爱迪生也因此成为世界上伟大的科学家，验证了“生存需要体验，发展也需要体验”的理论。

（二）体验是一种综合性较强的心理活动

从生理学、心理学的角度来看，体验是一种综合性较强的心理活动。体验需要经过“外在”到“内在”的过程。“外在”，即感官对体验物体的直接输入；“内在”，即将感官对体验物体的输入通过中枢神经传至大脑，产生感受。在这个过程中，“外在”和“内在”往往具有综合性。综合性是指多种感官直接感知，有时倾向于某种感官，有时在大脑加工处理时，又会出现一些特别的感受，这就使得体验成为一种较为复杂的、综合性较强的心理活动。

（三）体验能够加深主体对认识的主观理解

从教育学的角度看，人们认识世界的方式是多种多样的，而体验是认识世界最基本的方式，也是认识世界最深刻的方式。体验往往是人们通过某种或多种感官对实际事物、情景进行感知，并经过独特的内化，时常会产生新颖的感受，这种感受往往是深刻的、不易忘记的，有时甚至是伴随一生、影响终身的。

上述证明，体验式教学具有充分的理论依据。

六、体验式教学的特征与原则

（一）体验式教学的特征

1. 体验式教学的主体性

学生是教育的主体，更是发展的主体、体验的主体。但是，传统教学只注重传授知识的重要性，而忽略了对主体性的关注。在传统教学思想中，教师是课堂的中心，学生只是被动的接受者。秉承传统的思想，学生必须以教师说的话为权威，教师说的就是对的。随着新课改的深入开展，教师的主体地位已逐渐下降，学生成了课堂的主体。体验式教学尊重学生的主体地位，尊重学生独特的感受和独特的见解。因此，体验式教学以学生为中心，关注学生的感受、价值取向和学习方式，让学生自己学会感受、观察、反思和总结，学会在不同情境中思考、解决问题。在体验式教学中，每个个体都是不同的，教师要在尊重和接受学生不同感受的同时，关注每个学生在学习活动中的个性表现，发挥学生的主体性，让每个学生都有属于自己的成功体验，真正成为学习的主人。

学生的主动参与是体验式教学的核心。教师不再是课堂的中心，教师在体验式教学中是活动的组织者，是引导学生积极参与的促进者，同时在启发和引导学生进行活动交流时应该是一个与学生平等的对话者。学生的主体性不仅仅表现为教师在课堂上给予学生发言的机会，而且还表现为学生主动体察知识的经验，以及在体验中获得自己的感悟。因此，体验式教学不是整齐划一的，而是因人而异、富有个性化的。同时，学生只有满足个性化需求、将体验内化为自己的知识经验、获得自己的感悟，才能构建起自己的知识技能、情感、态度和价值观。

2. 体验式教学的体验性

体验式教学以体验为主。自然地，体验性是体验式教学最显著的特征。

在体验式教学中，首先是创设体验情境，其次是让学生在情境中进行充分的体验，最后是让学生在体验中得到全面发展。在这一教学方式中，体验是核心，情境的创设是为体验服务的，是体验的必要条件，而发展才是体验的最终目的。在体验式教学中，体验贯穿整个教学过程，并发挥着其他教学方式所不能替代的作用。

3. 体验式教学的整体性

体验式教学强调情境的完整性、体验的充分性、发展的全面性，所以体验式教学具有整体性之特征。

情境的完整性：体验式教学要求在教学活动中，首先要创设具体的情境，且这种情境最好是饱满的、丰富的、生动的、完整的情境场，在情境场中让学生进行充分的体验。

体验的充分性：体验式教学提倡让学生在完整的情境场中进行充分的体验。这种充分的体验主要包括三个方面：一是利用多种感官进行体验；二是调动已有的多种经验进行体验；三是在体验中得到多种感悟。

发展的全面性：体验式教学的目的是促进人的全面发展。这种全面发展既包括知识和技能的发展，又包括过程和方法的发展，还包括情感、态度和价值观的发展。

4. 体验式教学的独特性

体验式教学既有整体性，又有独特性。

体验式教学的独特性具体表现为，在体验式教学中，体验者由于兴趣、生活经历、已有知识和价值观等的不同，对体验情境的关注点和关注度会不同，因此，常常会产生一些独特的体悟。例如，当学生们观察一只受伤的小鸟时，有的学生会想到小鸟本身的可怜，有的学生会想到小鸟妈妈的思念，有的学生会想到捕鸟者的可恨，有的学生会想到领回家哺养，等等。

5. 体验式教学的自主性

体验式教学十分强调学生主体作用的发挥。这种主体作用的发挥主要体现在以下两个方面：一是情境创设的自主性，教师在努力为学生创设学习情境的同时，应尽量放手让学生为自己的学习创设情境；二是体验的自主性，在情境体验中，必须要做到让学生进行充分的、自主的体验，既要在时空上放开，又要在感悟上放开，使整个教学过程成为在教师和学生合作下的学生自主体验学习的过程。

6. 体验式教学的生成性

体验式教学注重体验过程中的即时生成。

体验式教学是在一定的情境中，让学生进行充分的体验。由于学生的已有经验不同，其体悟往往是不同的、难以预测的，因此对于不同的体悟我们必须要关注它、研究它；对难以预测的体悟我们必须要充分地利用它、深化它。只有这样，才能使体验式教学闪烁其灿烂的光芒。

7. 体验式教学的开放性

体验式教学的开放性具体体现在以下几个方面：

第一，体验主体的开放。体验式教学中的主体是学生，在体验式教学中必须充分发挥学生的主体作用，努力营造自主、自由、积极、快乐的氛围。

第二，体验目标的开放。体验式教学中的目标是多样的，有知识与技能目标，有过程与方法目标，还有情感、态度与价值观目标。所以，体验式教学的目标是开放的。

第三，体验内容的开放。体验式教学中的体验内容以情境为宗旨。体验的情境必须要开放，可以是当前的，也可以是过去和未来的；可以是生活情境、社会情境，也可以是自然情境；可以是实际情境，也可以是虚拟情境。

第四，体验形式的开放。体验式教学中的体验形式应不拘一格，可以是直接体验，也可以是间接体验；可以是封闭体验，也可以是开放体验；等等。

8. 体验式教学的实践性

体验式教学是以体验为主的，一方面，体验是一种亲身经历。这种亲身经历是多种多样的，或亲自观察，或亲自见闻，或亲自动手等，故这种亲身经历实际上是一种实践活动。另一方面，体验的过程实质上是实践—认识的过程，体验者在实践（体验）中得到认识（体悟）。所以，体验式教学具有实践性之特征，这种特征能提高体验者的实践能力。

9. 体验式教学的创新性

体验式教学的体验学习不同于传统教学中的经验学习。经验学习是指对已有经验的掌握性学习，而体验学习不仅需要对已有经验的发现性学习，而且需要对已发现的经验进行进一步的深入研究，以获得新的发现，形成体验—感悟—再体验—再感悟，即实践—认识—再实践—再认识的不断创新的教学过程。因此，体验式教学具有创新性之特征，这种特征能培养学生的创新精神和创新能力。

10. 体验式教学的生命性

体验式教学是一种以人的生命发展为依归的教学，它尊重生命、关怀生命、扩展生命、提升生命，蕴含着高度的生命价值与意义。教学应该基于学生的发展性而教，体验式教学正是通过引导学生亲身经历，让其在实践中理解知识的本质，在动手的过程中领悟知识。学生在这个过程中亲身接触到熟悉的事物，从而留下深刻的印象，在以后的生活中就会受到潜移默化的影响。

例如，教学“为了友谊，我们共同努力”一课，课前教师让学生收集具有鲜明时代特征和友情内涵丰富的名言、照片、图片、小故事、旧玩具等材料，在初步学习中感受友谊的珍贵。课上通过开展“友谊门诊室”“友谊成果展示台”“留下我们的回忆”等活动，引导学生对和同学相处中存在的问题进行反思。在处理“友谊门诊室”时，不是停留在书中的“朱立文的症状”上，而是重点讨论班级里发生过的让人不愉快的事以及和同学相处时遇到的难题，让学生自己进行诊断，并开出“处方”，同时根据他人的“处方”反思自己的不足，并及时改进“处方”。

在体验式教学中，教师要注重培养学生的自主反思意识，构建学生生命矛盾磁场，让学生经受道德的考验和洗礼，让学生在思辨中成长，从而让生命的乐曲在活动中回荡。

（二）体验式教学的原则

1. 自主认识，自我建构

体验总是与个体的自我意识紧紧相连。体验式教学是学习主体在学习过程中对教学内容内化后形成内心反应或内在感受的过程。在这个过程中，学生以个人需要、价值取向、认知结构、情感结构、已有经历等完整的自我去理解、感受、建构，从而生成自己对知识的独特感悟。教师不应越俎代庖，直接传授知识，剥夺学生的感知过程，而应想方设法根据学生的认知特点来激发其求知欲，让他们尽情地体验学习的过程，并最终自觉地掌握学习的方法和具体的知识。

2. 师生和谐，享受愉悦

良好的师生关系是体验式教学的基本保证。师生之间只有和谐相处、相互信任、相互尊重，才能有效地实施体验式教学，并发挥出体验式教学应有的作用和价值。教学本是一种特定情境中的人际交往，体验式教学更强调这一点。教师要从以往课堂上的主宰者、权威者变为组织者、引导者，处于与学生平等的位置。在这种“共生”的课堂中，教师可以纠正学生的错误，学生也可以质疑教师，并从中感受到教师并不是高高在上的，而是可以与自己成为朋友的。在这样的教学中，思维的过程同结果一样重要，目的在于使学生把思考和发现体验作为一种快乐，并充分享受学习带来的愉悦，而不是一种强迫或负担。

3. 注重实践，提倡探究

体验式教学以学习者参与实践活动为基础，且十分注重在实践中进行学习体验。在体验式教学中，教师应该给予学生更多的时间参加实践，与其滔滔不绝地进行理论教学，还不如让学生亲自动手学习。需要指出的是，引导学生探究是实践体验理论的有效形式，体验式教学强调学生的探究活动，提倡探究性学习。在体验式教学中，教师通过探究活动，可以激活学生的记忆、开启学生心智的窗户、调动学生学习的热情、挖掘学生学习的潜能。在这个彰显个性的过程中，学生内在的知识、能力、经验、智慧等都能得到锻炼，并充分体验到在探究性学习中获得的成功乐趣。

七、体验式教学的基本类型和范式

（一）情境体验式是体验式教学的基本类型

体验式教学是一种在一定的情境中让学生充分体验的教学方式。情境与体验是体验式教学的基本要素，创设情境、充分体验是体验式教学的两个基本环节。体验式教学的过程，简言之，就是情境体验的过程。情境体验式教学是体验式教学的基本类型。

1. 情境

情境是情境体验式教学得以进行的必要前提和基础。在情境体验式教学中，首先必须创设体验之情境，没有情境，体验活动就无法进行。

情境的创设者可以是教师，也可以是学生，提倡师生共同创设和学生自主创设。

情境是多种多样的，大致可分为两大类：一类是虚拟情境，如文字描述情境、图像呈现情境、模拟实际情况等；另一类是实际情况，如实物情境、实际场景情境等。

2. 体验

体验是情境体验式教学的核心和关键。对情境的充分体验是情境体验式教学的中心环节。体验的充分与否决定着情境体验式教学的成功与否与成效之大小。

体验，必须注重学生主体作用的发挥，要让学生进行充分的体验。这种充分体验包括充分利用各种感官，充分调动大脑中的已有经验，充分发挥情境的作用，充分使学生得到全面而独特的发展。

体验的形式是多种多样的，大体上有以下几种不同的基本分类：

第一，按体验情境的呈现方式划分，体验可分为直接体验与间接体验两大类。直接体验指的是体验者在实际存在的情境中进行的体验；间接体验指的是体验者在模拟实际的情境中进行的体验。

第二，按体验的内容划分，体验可分为生活体验、社会体验和自然体验等。生活体验指的是体验者对生活情境的体验，社会体验指的是体验者对社会情境的体验，自然体验指的是体验者对自然情境的体验。

第三，按体验的范围与目标划分，体验可分为全面体验和独特体验。全面体验指的是体验者对体验之情境进行全方位体验，并得到全面发展的体验。独特体验指的是体验者对体验之情境进行局部的某一方面的体验，并得到独特发展的体验。

体验，按主体维度划分，还可分为被动体验和主动体验；按内容维度划分，还可分为接受体验与创造体验；按空间维度划分，还可分为紧张体验与庇护体验；按时间维度划分，还可分为期待体验与追忆体验；按心境维度划分，还可分为开放体验与封闭体验；等等。

（二）体验式教学的具体范式多样化

情境体验式是体验式教学的基本范式，由此基本范式可以派生出许多具体范式。

1. 欣赏体悟式

欣赏体悟式指的是体验者对文字描述、图画音像、现实场景等情境进行欣赏，得到感悟的教学方式。这种教学范式主要应用于语文教学、艺术教学、英语教学等。

2. 活动体验式

活动体验式指的是体验者通过亲身参加实际活动得到发展的教学方式。这种教学范式主要应用于语文、数学、生活与思品（社会与思想品德）、体育、综合实践活动等。

八、体验式教学的理念

基于新一轮课改向基础教育提出的基础型、拓展型、探究型的课程管理要求，学校如何保证国家课程的执行力，满足学生对课程需求的选择性与适应性，充分体现学校办学特色，减轻学生课业负担，提升教学的有效性及面对单一教材与学生多元化、个性化需求的矛盾？师生如何共同发展？是教育界一直在思考的问题。为适应时代发展的需要，满足学生的多元化需求，体验式教学应涵盖全校所有的学科和活动。体验式教学将为学生提供多种学习经历，丰富其学习经验，尤其要关注的是学生的学习过程、学习情境、实践环节和学习渠道，学校要帮助学生在学习过程中体验、感悟、建构知识、生成知识，使学生的能力发展和积极的情感形成统一。所有的体验式环节将充分调动学生的积极性，同时也为学生的创造性发展留下足够的空间。因此，体验式教学模式不同于传统的教学模式，它寻求的是打通学科间的路径，在体验式的学习情境中，多种知识交互、多种能力交互，互促互进。

（一）从体验式学习的角度看体验式教学

从体验式学习的角度而言，学生的学习不是一个被动汲取知识、记忆、反复训练、强化储存的过程，而是以积极的心态，调动原有的知识和经验，尝试解决问题、同化新知识并构建新知的过程。另外，每个学生的家庭背景、生长环境、生活习惯和社会氛围差异很大，这就导致学生们有着不同的思维方式和解决问题的策略。因此，要一改传统的以灌输式为基本特征的接受式教学方式，引导学生主动参与活动，合作探究。

（二）从课程建设的角度看体验式教学

从课程建设的角度而言，教材是国家规定的学生必须学习的课程资源，但并不是唯一的课程资源。社区、自然环境、家庭，分组情景、集体活动、角色活动等都是学习的课程资源。因此，学生要从学科知识点出发，联系当今科学技术的发展，使得学校课程能够弥补国家规定的课程教材在内容上与现实联系不够的不足，为学生提供各种课程资源，并合理地创造、开发和丰富教材资源。

（三）从教师的教学行为角度看体验式教学

从教师的教学行为角度而言，首先，教师的课程设计和教学过程重心应逐渐转移到体验式教学和课程开发上。课堂教学，即使是必讲部分，也应深入浅出、通俗易懂，通过合作与互动，将拓展与探究实践加以整合，留出一定的时间和空间让学生通过实践解决自己感兴趣的问题。其次，关于体验式课程的建设，学校要关注教师对课程的设计，如教学过程、学习过程，甚至形成性评价。最后，体验式课程要求教师有合作意识，参与学生的互动、合作、实践，并分享他们的成果，激励他们发挥更大的创造性。

九、体验式教学的主要功能

（一）体验式教学是教学方式的变革

我们知道，教学方式指的是在教学过程中采用的基本行为和认知取向。教育是随着社会的发展而发展的，教学方式是随着教育的变化而变化的。

在传统教学中，教学方式主要有注入式教学和启发式教学。注入式教学，是指教师把学生当作盛装知识的容器，向其灌注大量现成的知识。在教学活动中，学生是消极、被动的接受者，学习的特点是接受和记忆其结果，学生学到的知识不少，但是灵活运用和发现创造的能力、智力以及情感世界的全面发展受到限制和损害。启发式教学，是指学生在教师的启示、诱发下进行学习。启发式教学虽然强调了学生的主体作用和教师的主导作用，强调了在学习知识的同时提高能力，但是这种教学方式仍未真正将学生放在完全主体的地位，常常表现为一种问答的“牵羊”式的教学。这两种教学方式一直主导着传统的教育，特别是我国的应试教育，在一定程度上影响了教育的发展。

随着人类社会的不断发展，尤其是21世纪对教育的高要求，传统的教学方式已远远不能适应时代和未来的需求。教学方式必须要改革，而且迫在眉睫。

在20世纪末，联合国教科文组织首先提出了转变教学方式是21世纪教育发展的关键。其次是世界大多数国家的教育改革，尤其是我国基础教育课程改革也提出了这一观点，在各科课程标准里明确提出了倡导“自主、合作、探究”的学习方式，并反复提及“体验”一词。

21世纪将是一个以人为本的世纪，21世纪的教育将是一种以人为本的教育。而以人为本的教育要求、教育目的是以人的发展为根本，以人的生命世界为基本教育内容，以体验式教学为主要手段的教学方式。实质上，无论是联合国教科文组织的报告，还是我国的基础教育课程改革，都顺应了这种社会和教育发展的新趋势。

就此，我们认为体验式教学的功能之一便是改变旧教育，创立新教育。

（二）体验式教学是达成三维目标的良好途径

《基础教育课程改革纲要》指出：改变课程过于注重知识传授的倾向，强调形成积极主动的学习态度，使获得基础知识与基本技能的过程同时成为学会学习和形成正确价值观的过程。知识与技能，过程与方法，情感、态度与价值观是我国本次基础教育课程改革中各学科教育目标的三个方面，简称三维目标。

我们知道，注入式教学注重知识的输入和传授，忽视学生能力、智力和非智力因素的发展，这种教学方式是无法达成三维目标的。启发式教学虽然强调学生主体作用的发挥、能力的培养和方法的获得，但仍忽视学生对过程的掌握、情感的培养、态度的改变和价值观的提升，也难以达成三维目标。

那么，采用怎样的教学方式，才能较好地达成三维目标呢？我们认为，体验式教学是理想的选择。这是因为体验式教学是在一定的情境中，让学生进行充分的体验，使学生得到全面发展的一种教学方式。创设情境、充分体验、全面发展是体验式教学的三要素，而充分体验是关键，全面发展是目的，只有让学生充分体验，才能使学生得到全面的发展，这种全面发展包括知识与技能的发展，过程与方法的发展，情感、态度与价值观的发展。

所以，我们认为体验式教学是达成三维目标的良好途径。

（三）体验式教学能促进学生的终身发展

体验式教学对学生的发展体现在全面性和独特性两个方面，这两个方面均能促进学生的终身发展。

首先是全面性。体验式教学使学生的知识与技能，过程与方法，情感、态度与价值观均能得到发展，为学生的终身发展提供基本保障。

其次是独特性。由于体验式教学，以学生的生命世界为基本内容，以体验为主要教学方式，而学生的生命世界是具有独特性的，体验又是一种奇特的心理活动，所以在体验过程中，学生往往会出现一些特殊的感悟，这些感悟有时会使学生发生深刻的变化，甚至影响终身。因此，我们认为体验式教学能促进学生的终身发展。

十、体验式教学的内容、方法与策略

体验式教学的核心是创设让学生体验的环境，要求学生在教师有目的、精心设计的教学计划与教学情境中，积极主动地参与教学全过程，通过对真实或仿真的环境进行体验，更好地掌握专业基础知识和基本技能，使学生在感悟与联想思维中，发展创新能力，提升思想品质与人生价值。在遵循体验式教学理念及实现体验式教学目标的前提下，体验式教学过程的设计主要包括三部分：体验式教学内容与教材、体验式教学方法与手段、体验式教学策略。这充分体现了设计重点突出、内容完整和便于操作的性质。

（一）体验式教学内容与教材

1. 体验式教学内容的开放性

对于与实际关系比较密切、实战性比较强的专业课程，体验式教学内容与现行教学内容相比必须要有所创新，要突出体现开放性。开放性主要表现在两方面：一是多学科知识的融合。知识经济时代的复杂性和瞬变性，要求人才必须具备多种专业知识和技能。例如，市场营销专业人才不仅要懂得市场营销，还要掌握网络营销；不仅要懂得促销策划，还要清楚财务预算，等等。学生只有充分掌握相关知识，才能有效地实施课堂体验活动。二是理论知识与实践经验的融合。教学内容不仅是以构成学科及其背景的科学文化领域为基础组织的，而且不能脱离社会经济问题与生活问题。把体现市场营销研究和应用的新知识，以及社会经济生活中发生的热点或焦点问题，及时地反映到教学中来，不仅可以吸引学生的兴趣点和激发学生的求知欲，还可以使学生在不断理解教学内容的过程中理解自己、理解人生、理解社会，不断投入自己独特的、渗透着情感的人生体验，去发现和感受语境、原理、方法、技巧等背后的丰富意义，去创造前人未能创造的新意，在创造过程中全面展现生命的活力。

2. 体验式教学教材的多元化

教学内容的创新要求教材编写与选用必须强调多元化。一是内容的多元化，打破现有教材理论+案例的简单模式。为了满足课堂体验式教学的需要，教材中应增加与理论内容密切关联的社会与生活情境、主题等内容，还可以编写有利于学生课余时间学习和操作的实训教材。二是种类的多元化，打破一本教材+几本参考书的教学模式，为学生提供一些国内外比较权威的教材及报刊、网站等作为教学内容的主要资源，形成开放式的、更新和更合理的知识体系。三是形式的多元化，打破文本形式，形成文本+多媒体+网络的立体教材。体验式课堂教学多采用直观、生动的体验形式，而且要求师生间进行即时交流与沟通，这就要求教材不仅要提供PPT教学课件，还应该提供一些更中国化的、活生生的案例、故事和事件的视频资料，以及建立和完善网络课堂等。只有多元化的教材，才能为师生创造丰富多彩的体验式教学。

（二）体验式教学方法与手段

在课堂教学中，体验式教学与传统教学相比更强调对现实情境的仿真。教师应该充分利用现有的优越教学条件和现代教学手段，尽量利用小班和多媒体授课。教师应尽可能为学生提供可听、可看、可演、可联想的机会，运用案例教学法、情境教学法、角色扮演法、活动教学法、团队竞赛法、多媒体演示、模拟与实训等多种方法与手段，尽可能把抽象的知识还原成具体可感的事实，让学生去思考、讨论、合作，让学生去体验事实、体验问题、体验过程、体验结论，使学生在教师的引导下真切感受到感情与思想的萌生、形成和交流的过程，感受到引人入胜的探究过程。由此可见，课堂体验式教学的核心是体验环境的设计与组织，教学方法与手段必须与之适应，并为其服务。下面以一位教师多年的社会课教学经验为例，来解读体验式教学方法的运用。

1. 参观访问

参观访问——组织学生走出校门，或对实际事物进行实地考察，或访问某社会团体、个人，从而获取丰富的感性认识，体验已获得的知识。例如，在学习“商品的价格”一课前，教师把几种不同的商品列成表格，要求学生调查出不同商场的价格情况，再经过课堂上的相互交流，学生便对“同一商品在不同的地方、不同的季节，其价格是不一样的”有了较深的体会。在学完“买东西的学问”一课后，安排一次分小组的体验活动，要求学生购买指定的几件物品，看哪一组学生买到的物品质优价廉。在此基础上，再组织学生进行交流，从而让学生更深切地体验到：为什么购物要“货比三家”，为什么购物要开具正规发票，以及如何识别“三无产品”等。

2. 社会调查

社会调查——让学生通过自身的眼观耳听、切身体验，获得实实在在的社会知识。社会调查可以培养学生观察社会和适应社会生活的初步能力，增强学生的社会责任感。例如，学习了“农村新貌”一课后，由于学生对过去的农业及农村情况一无所知，很难体会现在农村的变化大在哪里，为此，教师组织了以下两项活动：一是分小组集中采访居民区中上了一定年纪的人（教师可以预先选定对象，提出一些要求，做好一定的准备，这样效果会更好）；二是了解自己家庭生活环境的变化。同时，教师要求学生完成预先准备的两个调查提纲：其一，改革开放以来家里的日用电器有哪些增加？其二，改革开放以来人们的衣、食、住、行等方面有何变化？调查结束后指导学生整理调查得来的资料，编写调查报告的提纲，完成一份小小的调查报告。通过与长辈的交流，学生深切地感受到现在生活的来之不易；通过对有关数据的调查，学生真切地感受到农村所发生的巨大变化并思考为什么会发生这样的变化，从而进一步增强了建设家乡的社会责任感。

3. 角色扮演

角色扮演——由学生自己扮演社会角色，或反映某些现实中的社会现象，或模拟某些历史事件，让学生通过切身的情感体验来加深对社会的观察、了解和认识。例如，在教学“居家安全”一课时，让学生进行情景表演：冬冬一个人在家，门外来了一位陌生人，自称是冬冬爸爸的同事，想要进屋。对这一问题的处理，有两种不同的结果。学生表演时，设身处地地从自己扮演的角色出发，思考社会问题，领悟社会的分工与不同的角色，体会人与人、人与社会的相互关系，感受到在社会中生活，人与人之间更多的是相互信任和互相帮助，但防盗、防骗等意识也必须建立，更为重要的是应使学生学会在真正遇到一些突发事件时如何灵活机智地处理。

4. 模拟游戏

模拟游戏——模拟不同的角色，设身处地地从自己扮演的角色出发，思考社会问题，领悟社会的分工与不同的角色，掌握一些技能技巧。在模拟过程中，学生学会表达、学会交流、学会理解、学会合作。例如，在教学“寄信、打电话和拍电报”一课时，为了让学生更好地掌握打电话的注意事项，教师以小组为单位，组织了一次打电话的模拟活动，看谁通话简洁、方法正确。打电话看似简单，真正要操作起来还是不容易的。再如，在“学习乘车和乘船”一课的教学中，教师在学校操场上布置了本市区的主要道路和交通路线，并标注上一些站点位置，学生扮演成旅客到达目的地，从而体验“认线路、辨方向、看站牌”等一系列过程。模拟可以从现实生活中寻找主题，社会生活中的人际交往体验是其中的一个主题，如售票员与乘客、医生与病人、同学之间、师生之间、朋友之间、邻里之间等。社会情境的体验是另一个主题，如居家安全、三防（防毒、防火、防触电）、自然灾害中的逃生等。

5. 朗诵和演唱

朗诵和演唱——在声情并茂的朗诵中体会历史人物的情感，在集体的美妙歌声中感受历史的瞬间。例如，在教学“戊戌变法”一课时，为了让学生体会谭嗣同等维新派人士豪迈的情怀和视死如归的英雄气概，教师组织学生有感情地朗读诗句“我自横刀向天笑，去留肝胆两昆仑”及临刑前他对围观人群高呼的口号“有心杀贼，无力回天。死得其所，快哉快哉”。在教学“中华人民共和国的诞生”一课时，教师可以安排学生听《中华人民共和国国歌》，引导学生展开想象的翅膀并说说想到了什么。在学完全课后，教师可以安排全体学生合唱国歌，使学生体会到不同情境下唱国歌的不同心情，深刻理解中华人民共和国成立的不易，作为中国人必须为自己祖国的强大而努力学习和工作。

6. 想象与画画

想象与画画——在学生想象和画画的过程中，要达到“此时无声胜有声”的效果，让学生在想象中体验、在画画中感受。例如，在教学“注意交通安全”一课前，教师布置学生搜集交通标志图，并要求用笔画下来。课堂上学生们交流各自画的交通标志，在认识的同时受到了一次遵守交通规则的教育。再如，在教学“我国的环境”一课时，讲到“环境破坏”的几种情况（不合理地利用土地、过量使用化肥和农药、开垦山坡、滥伐森林、过度放牧）时，让学生任意选择其中的一种情况画一画所造成的后果。通过画一画，一是激发学生的想象力；二是让学生从心底里感受到破坏环境给人们生活带来的危害，给人类生存带来的灾难。

（三）体验式教学策略

所谓教学策略，就是指教师在整个教学过程中，为提高教学质量、有效完成教学目标而指定并采取的教学方式、措施与行为。新的课程标准明确提出：社会课以人类历史和社会生活为学习与探究的领域，要关注学生的需要与体验。“注重社会实践能力的培养”是社会学科的基本理念，要让学生动态地观察、体验社会生活；要重视教学过程学生的参与性和探索性，强调学生的体验、探究、实践在教学活动中的重要性，使学习成为学生获得积极、愉快、成功体验的过程。

1. 树立让学生在体验中成长的教学理念

教学理念是教育的灵魂，它是随着教育的发展而发展的。当前，在大力提倡人本教育的时代，我们必须改变传统的教学理念，确立与时代教育相匹配的教学理念。这种新的教学理念便是让学生在体验中成长。

让学生在体验中成长，就是要让学生置身于自己的生命世界，通过充分的体验得到全面的成长。

过去的教育，尤其是我国的应试教育，忽视人的生命发展，忽视学生的生命世界，忽视体验式教学。这种教学已极大地影响了学生的健康成长。

21世纪，是一个以人为本的社会；21世纪的教育是一种以人为本的教育。这种以人为本的教育要求我们在教学方式上以体验式为主体，在教学内容上以学生的生命世界为基本，在教学目的上以学生的全面发展为根本。

我们要改变教学理念，必须树立让学生在体验中成长的教学理念。

2. 努力实践体验式教学

改变教学理念固然重要，但真正重要的是将先进的教育理念转化为具体的教学行为，并将之优化。

要将体验式教学真正落到实处，必须构建体验式教学课堂。这种课堂必须要做到以下几点：

（1）以体验为主。体验式课堂教学必须具备教学内容的体验化和教学方式的体验性等特征，教学内容要以学生的生活世界、社会世界、自然世界等为基本，教学方式要以学生的亲身经历为主。创设情境是基础，情境是学生学习的材料；充分体验是关键，体验是学生学习的方式。体验式课堂教学过程，实质上是学生不断体验、不断深化的学习过程。

（2）尽力开放。在体验式课堂教学中，我们必须做到尽力开放。开放体验的时间可以是过去的，可以是当前的，也可以是未来的；体验的空间可以是教室内的，也可以是教室外的，如家里、社会、大自然等。开放体验要以学生为主体，营造充分自主、充分自由、充分安全的氛围，让每个学生充分体验、充分发挥。开放体验目标，可以是知识与技能，可以是过程与方法，还可以是情感、态度和价值观。

（3）追求实效。在体验式课堂教学中，要注重追求实际效果，不能要花枪，走过场。

十一、体验式教学的基本评价

（一）构建多元化的评价标准

体验是一种综合性心理活动，体验式教学是一种立体式的教学方式，体验式教学所要达成的目标是多维的、全面的。因此，体验式教学的评价标准是多元化的。那么，如何构建多元化的体验式教学评价标准呢?

1. 我们来分析一下体验式教学的目标

体验式教学的总体目标是促进人的全面发展，而人的全面发展主要包括三个维度，即知识与技能的发展，过程与方法的发展，情感、态度与价值观的发展。

2. 我们来确定体验式教学的评价标准

我们知道，教学目标是教学评价的依据，既然体验式教学的目标已明确，那么，体验式教学的评价标准也基本确立。我们认为体验式教学的总体评价标准是人的全面发展，具体评价标准主要包括三个方面：知识与技能的发展，过程与方法的发展，情感、态度与价值观的发展。

（二）采用多样化的评价方式

根据体验式教学的特殊性，体验式教学的评价方式应力求多样化。

（1）按评价对象来分，可采用学生评价、教师评价和家长评价的方式。

（2）按评价时间来分，可采用过程评价和结果评价的方式。

（3）按评价形式来分，可采用书面评价和情境评价的方式。

应该指出的是，体验式教学评价方式更侧重于上述方式中的学生评价、过程评价和情境评价。

第二节　体验式教学模式的意义与创新

一、体验式教学模式的意义

体验式教学的意义并不只是提出了一种教学形态，更重要的是提供了一种有助于学生主体性发展的教学理念，真正体现了以人为本的教学价值观和综合能力培养的教学目标。

（一）有利于学校教育的有益补充

在传统教育和传统的带领模式中，教师被定义为信息的提供者，教师是传递知识的，学生则是接受知识的。在这样的情境下，学生只能是接收者而非学习者。而体验式学习则不一样，教师只在必要的时候给予学生一些方向的指引，其余的则由团队通过学生实际的参与去发展其能力。体验式学习改变了应试教育漠视学生完善人格的培养方式，改变了以往学生只能接受教师一味灌输的被动学习方式，使学生在主动参与学习的过程中掌握了与人进行有效沟通的技巧，提升了学生学习的主动性，教会了学生如何自主地进行学习，使学生在生活中树立自信，在学习过程中体验学习的快乐，从而提高学生的分析、判断能力。

（二）有利于加强三观教育，提高教学实效

三观即世界观、人生观、价值观。传统教育中那种说教式的三观教育，实际效果并不佳，往往会使学生产生抵触情绪。那么，什么样的方式能够使学生从心里认同？经过初步实践，体验式教学在这方面有独特的优越性。

二、体验式教学模式的创新之处

（一）教学理念的创新

长期以来，我国教育以传统的讲授式教学模式为主，这种教学模式十分重

视教师在教学中的核心地位，认为教师是知识的主宰者，一切教学活动都以知识的传授为主导，形成了输入信息和被动地接受信息的过程，缺乏师生间的情感交流，缺乏对学生内在经验、自身感受的正确认识，这不仅影响学生认知发展的有效性，也使学生的个性、沟通能力、创造力受到极大的抑制。同时，这种教学模式只注重所有学生的共性，却没有关注每个学生的个性，不利于个体创新意识的体现和自我认识、自我教育能力的发展。

（二）教学方法的创新

传统式教学以知识为导向，实行程式化、模式化的教学方法，强调知识获得、目标达到和学习系统性的教育。不可否认，这种教育方法曾经取得过辉煌的成就，即使在今天，在一些基础理论知识的传授方面仍不失为最佳方法。然而，大量实践也证明，这种传统模式的教学效果不够理想，会使学生感到枯燥乏味，失去专业热情，或者造成“高分低能”的不良后果。体验哲学和认知语言学的核心观点认为，人类的认知基于身体的亲身经历和经验积累，当他们既用认知的方式也用情感的方式进行学习时，有意义的学习才能发生。心理学研究成果表明，看到的信息可以被记住10%，听到的信息可以被记住20%，亲身实践体验的信息则可以被记住80%。教育学家认为，体验使学生在特定的教育情境中产生内心反省、内在反应或内在感受，这是主动探究、创新思维、自我体现和快乐认知的过程。不难看出，体验式教学在当代教育中是不可或缺的。

（三）教学手段的创新

体验式教学强调传统手段与现代化手段相结合、人工手段与电子技术手段相结合、模拟仿真手段与实操手段相结合，形成一套丰富多彩、相互补充、相互完善的现代化教学手段的综合运用体系，使学生始终处在一个愉悦的学习环境中，进而变得思维活跃、视野开阔、兴趣浓厚。体验式教学有效实现了现代教学手段与先进教学方式的结合：一是在课堂上传输大量的、生动的信息；二是使学生处于具体的环境之中，成为教学活动的积极参与者；三是使学生综合运用多学科知识分析和解决问题，使学生真正产生感官、情感、思考、行动、关联的体验，在心理上产生一种积极探究某种事物或从事某种活动的意识倾向，而这种意识倾向恰恰是推动学习前进的精神动力。

第三节　教师体验式活动案例

一、体验式教学活动的功能

（一）体验式教学活动的中介功能

体验式教学活动是综合的、生活的、功能化的课程，它强调对学生生活的影响，注重学生能力的发展，特别是生活能力的发展和态度的形成，是以问题为核心的课程，它可以发挥其整体效应，具有高度的综合性。知识向应用转化，科学向生活转化的中介是实践。“实践就是一种中介物”（黑格尔语），是联结主观世界和客观世界的中介物，是理论知识向实际应用、学科内容向生活经验实现转化的中介物。只有向实践汇合，才能够真正实现知识向能力、理论到实际、接收到创造、学习与生活的沟通。综合是指向实践的，实践的本质也是综合的。

体验式教学活动超越书本知识学习的局限，要求学生从生活、社会现实中提出问题，围绕人与自然、人与他人或社会、人与自我、人与文化等方面，自主提出活动主题，并深入自然情景、社会背景或社会活动领域，开展探究、社会参与性的体验、实验等学习活动，形成对自然、对社会、对自我的整体认识，发展良好的情感、态度和价值观。因而，体验式教学活动是为密切学生与生活、学生与社会的联系架起的一座桥梁。这无疑有利于加强学生对自然的了解、对社会的了解与参与，犹如现实生活中的中介功能，加强学生与社会生活的联系，建立新的学习方式。

体验式教学活动的中介功能包括以下五个方面。

1. 学生与生活中介

城市学生多是独生子女，有的娇生惯养。因此，把学生的生活实践作为重要内容来安排，如在主题活动“小鬼当家”中，开展五个生活小主题活动，一是家居巧安排，二是我是一个多面手，三是学会精打细算，四是家庭卫生保健，五是与邻居相处。小学生通过这样的活动，实实在在从生活实践中获取直接经验，实践能力得以提高。

2. 学生与自然中介

长期以来，人们将自然视为可以无限利用、开发的资源。现在人们逐步认识到自然的局限性，人类对自然的依赖性，以及人类与自然的相互依存关系。体验式活动课程要有计划地设计这些内容，引导学生热爱与保护自然，了解保护环境、保护地球的重要性。学生涉猎自然，内容很多，可分年段进行，如在小学低年级，设计“人与自然”活动，下设人与空气、人与水、人与森林、人与阳光等小主题；到了高年级，可设计人与海洋、人与沙漠、人与资源、人与环境等小主题。

3. 学生与社会中介

长期以来，学校教育脱离社会实践，使学生对社会很多实际问题知之甚少。体验式活动课程要设计诸如城乡问题、人口问题、垃圾问题，甚至国际和平、战争、发展等问题，丰富学生的有关知识，锻炼学生的相应能力。

4. 学生与科学中介

学生从学科课程中学习了科学知识，却不会用来解决实际问题，至于书中未涉及的新兴科学知识，那就更不用谈了。这说明仅靠单一的学科课程远远不够，还得另想方法。体验式活动课就可以逐步解决科学应用的问题，也可以拓宽学生视野，使学生及时了解科技创新成果、新发明。比如设计的“信息广场”“信息公路”“打卡生活”“未来爱迪生”等主题，效果良好，从中培养了学生求真求实的科学态度，善于思考、善于发现的科学精神，从事科学探索实践的能力，等等。

5. 学生与劳动技术的中介

例如，设计“希望的田野”活动。首先考虑培养学生热爱劳动、热爱劳动人民的情感，同时培养学生改造农村的一些新观念、新技能。此外，这样的活动还是学生与他人的中介、学生与文化的中介、学生与自我关系的中介等。

（二）体验式教学活动的德育功能

长期以来，德育活动呈现“假性认知”现象。缺乏体验的教育，必然会失去实践基础，失去内化这一核心环节。新课程综合学科的实施，使人惊喜地发现，学生在通过主题式的实践探究活动中，其固有的道德认知水平、行为习惯，始终与现实生活不断发生交互、碰撞而得到积极提升。其功能在以下几个方面得到体现。

1. 社区潜在的教育资源

社会是个天然的大课堂，但传统课程观的封闭与狭隘，加之小学生年龄的特征，使学生对于周围耳闻目睹的各种社会现象的认识往往是概念性的、模糊的，甚至一无所知，更谈不上真切的情感体验。当今社会日新月异，“昨天的解释已经不再符合今天的需要”，突飞猛进的中国改革开放史是特具活力的、感化教育学生的综合性资源库。因此，把学生的视线、思维引向社会，让学生置身其间，动用已知自主探究，去领略那些颇具典型时代色彩的一幕幕，去体验因探究而获得的成功愉悦或挫折感伤，这正是体验式活动课程的价值追求所在，也是新时期德育工作要求学生在实践活动中培养德育实践能力、创新能力的积极体现。

例如，在改革开放的新时期，以“团结、拼搏、文明、创新”为主题的时代精神，是一部活生生的、具有多元德育功能的活教材。如何引导学生去发现、感悟、体验家乡人民热爱家乡、建设家乡、乐于奉献、勇于拼搏的思想情感呢？首先，组织学生参观，让学生从中自主地感知家乡的昨天和今天，从中发现并提出自己感兴趣的问题。其次，我们引导学生在课堂上交流讨论，根据自身的兴趣和需要，组成若干探究小组，开展“知我家乡、爱我家乡”的主题探究活动。在活动中，学生积极深入工厂、居民小区，大胆走访领导、民营企业家、文明家庭……是那充满时代特色的社会大课堂唤醒了他们的求知欲望，满足了他们的心理需要。因此，教育的基本目标和内容必须定位在学生的学习兴趣和情感需求上。

2. 学校即时的教育资源

比之社会课程资源，学校内部尤其是学生自身中林林总总所具有的教育价值的资源素材，更体现问题的典型性、集中性和紧迫性。诸如学生的学习状况、行为习惯、人际交往、个性特长、心灵世界等，可谓千差万别，有时甚至是一些亟待解决的现实问题，是学校和教师本应关注并加以立马研究解决的问题。而说教则无异于“隔靴搔痒”。然而现实中，我们常因漠视而致其流失。

善于捕捉这些即时性资源，根据其资源素材的内在特质，通过开展形式各异的实践性活动，引导学生运用已知加以分析、判断、实践探究，就是抓住了教育工作针对性、即时性的牛鼻子。

3. 自主评价的智力资源

培养学生实践能力的难点之一就是道德的甄别与评判问题。对小学生来说，这更需要经历从简单到复杂、从低级到高级、从旧质到新质的矛盾运动。在这个过程中，学生必然会有诸多“痛苦”或“骄傲”的经历。而这种经历恰恰就是学生在实践中不断成长、自我完善的精神食粮，也是学生道德品格和德育实践能力逐步形成的轨迹。在体验式活动课程的实施过程中，我们认为，学生是课程资源的核心要素，要不断强化、提升其道德情感体验，就必须充分利用学生不断自我评价、自我教育、自我完善的力量。因此，我们要求学生在每次活动后都对自己进行比较全面的反观自照式的自我评价，将自己的探究过程和尝到的酸甜苦辣以“活动日记”或“成长记录袋”的形式记下来。这样日积月累，直至活动进行到尾声，其成长记录袋就是“鼓鼓一小包”了。这时，学生回顾自己的活动历程，情真意切，深入灵魂，其道德情感体验也必然产生质的飞跃。

例如，有位学生在参加“饮食与健康”主题活动后，在“成长记录卡”中写道：“我有挑食的毛病，到现在还改不过来。自从参加活动后，我一直想改，可不知为什么老是改不过来。我觉得自己在活动中的收获并不大。”教师在反馈意见上写道：“老师觉得你的收获相当大。因为你已经懂得反思自己在日常生活中的行为，并找到自己的缺点了。老师相信你已经做出了很大的努力。你可以试着请爸爸、妈妈帮忙，定会有意想不到的收获的。”一段时间后，这位学生给老师送来了一张自制的贺卡，里面写着：“谢谢老师！现在爸爸妈妈一直夸我是个好孩子。我也懂得了如何努力去克服自己的缺点。祝老师幸福快乐！”

二、体验式教学活动的类型

体验式教学活动的类型按体验的内容划分，可分为自然体验、社会体验和生活体验等。

（一）自然体验

自然体验是以学生感兴趣的问题或主题为中心，遵循科学研究的最基本的规范和步骤而展开的研究性学习活动。学习活动与设计学习具有内在的联系，学生通过对有关问题的研究，提出解决问题的方案或策略，包括以下几类。

1. 自然现象或问题的体验

自然体验领域十分广泛，主要涉及与人的存在环境相关的自然事物或现象的问题的研究，体验活动领域的核心是人的现实生活的自然环境，如水资源研究、植被研究、能源研究、环境生命科学研究等。

2. 社会问题的体验

社会问题体验是各国中小学课题研究学习的基本内容，它涉及历史（社区和乡土历史、民族和国家历史、社会或社区的历史变迁），文化（民族文化、文化交流），社区文化（如文化传统、风土人情的考察与探讨），社会的经济问题（如证券与股票、产业结构研究等），社会政治（政府、民主制度、决策），社会危机（政治危机、经济危机、生存危机），科学、技术与社会，个人、群体与制度等领域的探究。社会研究领域是围绕社会现实生活来展开的，这些活动领域与具有社会责任感、有见识的公民的形成直接相关。

（二）社会体验

社会体验学习的基本特征是学生作为社会成员参与整个社会生活，主要有社会服务活动体验、社会考察活动体验、社会公益活动体验等。

1. 社会服务活动体验

社会服务包括社区服务、学校服务、老人服务、育幼服务、交通服务、生活纠察服务、环保服务、助残服务等。

2. 社会考察活动体验

社会考察具有社会调查的功能，通过考察，学生可以接触社会、了解社会，如就社区或地方历史演进、环境保护问题的现状及政策进行调查研究性的考察，了解政府对社会或社区发展的战略等。社会考察活动体验有专题考察体验，也有综合考察体验。

3. 社会公益活动体验

社会公益活动体验有两种方式：学校组织学生群体活动体验、学生个人活动体验，如志愿者活动、为灾民募捐活动。学生个人可随时进行社会公益活动，在体验中培养同情心、社会责任感和义务感。

（三）生活体验

生活体验学习是中小学体验式活动的基本方式之一。生活体验学习是与学生生活能力、适应能力相关联的实践性学习体验。生活体验学习包括以下两方面。

1. 生活技能的训练活动体验

学校教育从幼儿园开始，一直到高中，都涉及了程度不同的生活技能的实践活动体验。小学中低年级的生活学习中有食品制作、缝纫、简单手工等活动体验，五至九年级学生（小学高年级和初中阶段）的生活学习涉及家政管理等领域的内容，如家庭理财、家庭投资、家庭生活文化设计等活动体验，以及生活环境适应活动体验，如野外生存体验。

2. 生活科技与创造活动体验

生活中的科技运用、设计与创造活动，如服装设计、居室装饰设计、生活建筑设计等活动内容，并非完全是技艺性的，其中包含着复杂的价值观问题，需要学生在设计与创造中进行价值判断，以此增进学生在科技社会中生活调适、价值判断、问题解决和创造思考的基本能力，以及勤劳、合作、爱群和服务的积极态度。

三、体验式教学活动的评价

（一）综合课中的评价功能

评价功能反映研究性学习中学生的活动进程、体验程度、研究进展，体现教师作为研究性学习的设计者、组织者和指导者，对整个活动的指导与协调，有助于及时地调整研究活动的方向。

1 .体验程度

（1）在特定的情境中，内心反省、内心反应和内在感受。

（2）在体验基础上的自我觉醒，对人的生活意义的内在追问。

2. 体验方式

（1）在灵活多样的体验方式中获得充分的体验并得到多方面的经验。

（2）在体验中获得的经验的表现形式丰富多样。

3. 体验效度

（1）在体验中实现价值取向、标准多元。

（2）在体验的过程中寻求到更为合理的生长点和支撑点。

体验式活动要求采用新的评价理念与评价方式。它反对通过量化手段对学生进行分等划类的评价方式，主张采用自我参照标准，引导学生对自己在体验式活动中的各种表现进行自我反思性评价，强调师生之间、学生同伴之间对彼此的个性化表现进行评定、鉴赏。

（二）评价的主要原则

1. 突出发展

评价的目的在于推动每个学生在原有水平上有新的发展，不在于给学生下结论、分等级。

2. 注重过程

评价关注学生参与活动的过程，尤为关注学生在活动过程中能力的提高、情感体验的产生、态度与价值观的形成。

3. 体现多元

评价主体多元、评价标准多元、评价内容与方式多元，避免出现教师评价唯一、终极结果唯一的现象。

4. 强调自评

评价重视学生自我评估、自我调整、自我改进，使学生在评价过程中学习、进步。

（三）评价的基本建议

（1）评价要有所侧重。

（2）评价要贯穿活动的全过程。

（3）强调学生参与评价。

（4）重视评价的激励功能。

（四）评价方式的具体建议

（1）自评和他评相结合。

（2）日常观察与成果展示相结合。

（3）定性评价与定量评价相结合。

（4）教师评价与家长、社区有关人员的评价相结合。

（五）评价的具体方式

在标准上，倡导自我参照评价和自我反思性评价，反对科学参照和严格的量化分等。

在具体方法上，可采取自我阐述、交流讨论观察记录、汇报、表演、演示、成果展示、竞赛、答辩、调查问卷、实际操作、评比、评语、检查等。

评价指标：把活动过程分为若干类别，列为相应指标；把表现性目标和体验性目标分为若干类别，列为相应指标，并辅以权重。

例：

丰富多样的成果展示：

（1）发挥墙壁的作用，使教室每面墙壁都成为学生展示的园地。

（2）成果交流活动，引导学生感受丰富的过程性体验。

（3）展开讨论，引导学生将活动进行拓展。

（4）随机展示，满足学生对评价的需要。

成长记录或档案袋评价：

（1）学生随意放。

（2）指导教师对学生放入的作品提出一定的要求。

（3）展示性地放。

（4）成长记录袋中教师设计一些小栏目。

第四节　学校体验式活动纪实

一、前往民办学校，为学生、家长、教师送去“幸福心体验”

2019年12月12日，深圳市李志华名班主任工作室与龙华区綦群菊名班主任工作室携手，共同走进深圳市龙华区博文学校，开展“名师进民校”体验式培训活动。

（一）学生体验式活动

活动伊始，青年教师严乐乐给学生上了一节主题为“礼规教育之雅食礼”的班会课，引导学生分小组活动，按主题分享“美食美在名字、美在文化、美在营养、美在餐具”等学习心得。在课堂上学生们非常活跃，积极参与教学活动，他们学会餐桌礼仪，学会珍惜粮食，热情大方地给大家做了分享。教师们不仅对严老师的课堂频频点赞，还提出了自己以后班会课的努力方向。相信这堂班会课不仅印入了学生的心头，也启迪着班主任们的专业成长。

（二）家长体验式活动

綦群菊老师就“成长之昨天・今天・明天”主题针对到场的7组家庭，进行了家庭教育体验式团辅活动。前期准备中，綦老师通过“家庭动物园”和“我的愿望清单”活动，提供给孩子们自由表达的契机，让家长们真实了解了7个孩子的内心世界；在家长活动现场，綦老师通过“我的孩子怎么样”“我的孩子怎么了”“我的孩子怎么办”三个环节及“蒙眼作画”等体验游戏，帮助家长意识到“孩子是一张白纸，家长才是作画的人”，使家长找到正确的家庭教育方法，并鼓励他们学会做滋润型的家长。活动结束，家长们纷纷表态，愿做一名“管住手，多交流”的父母，给孩子多一点儿爱，为孩子开辟成长的沃土。

（三）教师体验式活动

在活动的第三环节，工作室主持人李志华老师为博文学校的教师带来了一次特别的体验式活动。以三人为一个小组，分A、B、C角色，每组各完成三次说听任务，并认真观察体验，通过活动，来换位体会班主任管理的沟通艺术。在体验和互动中，大大地拓宽了班主任们在班级管理中的教育思路和教育方向。班主任们在活动中感触颇深，对于和学生的真诚交流、耐心倾听有了更为深刻的认识和反思。李志华老师最后总结：每一位教师都是一个宝库，都拥有无穷的智慧，团队共进，可以擦出更多的火花。

本次活动的成功开展，促进了名师与民办教师之间的交流，也让参与活动的教师受益良多（图1-4-1）。

图1-4-1　李志华名班主任工作室团队教师体验活动现场照片

二、智慧父母修炼营——家长课堂体验式活动

应深圳市龙华区龙华中心小学三年级家长邀请，2018年6月15日周五晚，深圳市名班主任工作室主持人、体验式培训倡导者李志华开展了智慧修炼系列之“角色定位”体验活动，参与此次活动的有家长、工作室部分成员及学员共30余人。

李志华老师先做示范，以三种风格迥异的破冰问好方式引导互相不熟悉的家长、学员打招呼，家长、学员们迅速由被动转向主动，进入了积极参与、主动感受的课堂状态。通过两个趣味游戏的体验，家长们逐渐明晰自身的定位。

在体验中感触，在感触中感动，在感动中感悟。通过“我说你听”的体验游戏，家长们真切感受到孩子在学习生活过程当中与他人交流时可能遇到的障碍，切身体会到孩子在沟通中需求得不到满足时的失落以及不安的心境，反思身为父母在日常生活中应如何面对孩子的沟通诉求。通过情境设定，家长们表达了自己对孩子的期待和要求，并对自己也提出了要求，明确在教育过程中家长和孩子的角色定位。在最后的环节，各位家长奋笔疾书，在短短的几分钟里写下了自己在本节课中的课堂反思，也对自己的收获表达了由衷的感恩之情。

本次活动是李志华名班主任工作室团队第一次全程参与的体验式培训互动，在随后的工作室活动总结中，成员和学员们也纷纷提出针对体验式活动的建议与思考。相信精诚所至，共进共生！期待工作室在体验式培训活动探索上有更大收获（图1–4–2、图1–4–3）。

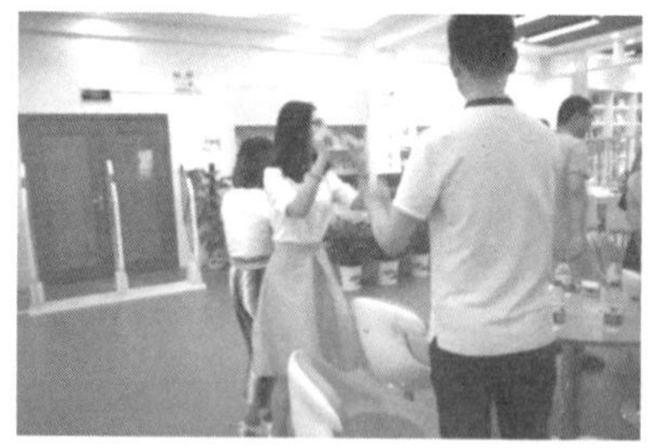

图1–4–2　李志华名班主任工作室团队体验式培训互动场景

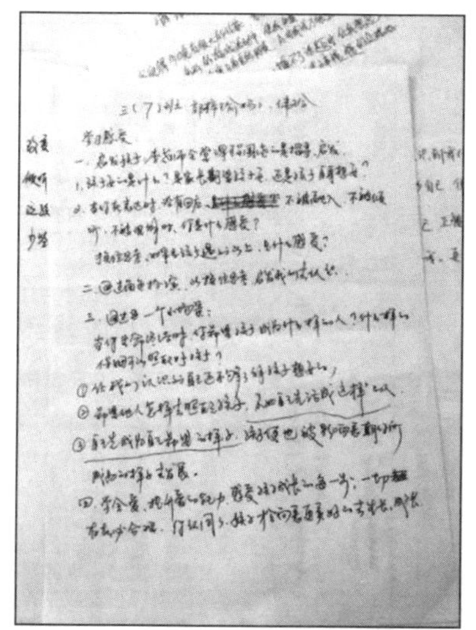
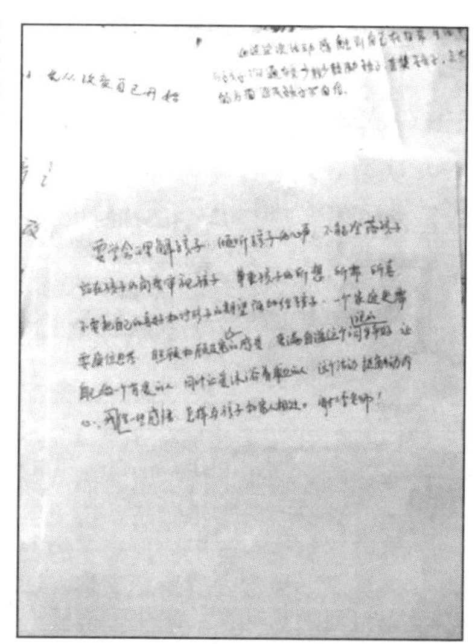

图1–4–3 李志华名班主任工作室团队互动结果手写稿

三、“小游戏，大发现”，工作室前往汕尾送教

2018年12月11日，深圳市名班主任工作室主持人李志华老师来到广东省汕尾市实验小学，与五年级（5）班66名活泼的学生进行了一次体验快乐之旅——“小游戏，大发现”，汕尾实验小学40余名教师一同参与观摩活动，随后开展研讨。

课上的握拳游戏，让学生们兴致勃勃，“怎样打开他的拳头？”带着问题，学生们一次又一次尝试，在体验中感触，在感触中感悟，在感悟中感动。一节30分钟的活动课，一个简单又神奇的“打开拳头”的小游戏，一双双清澈明亮的眼睛，一次次心灵的沟通，一阵阵赞赏的掌声，一次次开怀的欢笑，学生们开始倾听自己内心的声音，发现自己，鼓励自己，同学们的分享，给了大家更多新的思考。最后，李老师鼓励学生们，写下自己内心的声音，学生们纷纷动笔，写下“至理名言”以自勉。

在随后的活动研讨中，参加观摩活动的教师们给予李老师高度评价（图1–4–4～图1–4–7）。

李老师以轻松愉快的游戏激发学生去体验去发现，激励巧妙的语言，机智的引导，适时的设疑，在润物细无声中引领学生思考、发现:当面临暴力时，可以更机智与友善的方式去应对。体现教师注重孩子的智能培养与情感教育，着眼于全面素质的落实。

李老师在课堂上善于引导孩子发言，善于引导孩子倾听，善于引导孩子感悟，善于捕捉孩子的发言亮点。课堂内容新颖有趣，课堂气氛融洽和谐，学生整节课兴趣盎然。受益匪浅！谢谢！

“小活动，大收获”。李志华老师的语文实践课通过亲切的话语，富有感染力的身体语言，看似简单的游戏，实则体现出扎实的功底，以及超强的课堂掌控能力。李老师通过小游戏，用激励性的语言，营造快乐的学习氛围，充分调动了孩子们学习的积极性。李老师通过引导孩子们观察、听说、实践和感悟，培养孩子们良好的学习习惯，诱导找寻解决问题的最佳方法，激发孩子们创新的能力。这一节课，也正是体现了“宽语文教学”的魅力，语文与阅读，语文与写作，语文与生活，语文与实践等等，通过宽语文教学，构建一个自主、合作、创新、灵动的课堂，拓宽孩子们的视野和思维，提高孩子们的综合素质。汕尾市实验小学的孩子们在李老师的引导下，或投入游戏，或自主合作，或分享感悟。孩子们整节课都兴趣盎然，其乐融融，他们一定是收获满满！听课李老师这节课，我也收获颇

图1-4-4　教师微信评价

图1-4-5　学生课堂氛围

图1-4-6　教师合影留念

图1-4-7　学生感悟

学习共同体

第一节　学习共同体概述

一、学习共同体研究缘起

20世纪80年代，随着教育的改革和进步，教学研究和教学方法的探索和实践在不同领域取得了一定的成效，这些结果得到了教师的普遍认可。从某种程度上说，它们都是基于“传统客观性”和“以个人为中心的学习方式”的实践教育方法的基础之上，快速步入正轨的，但是经过一段时间以后，似乎出现了停止发展的趋势。这也说明，教师在实施和接受新课程标准和新理念的过程中，遇到了自身或者学校都无法解决的问题和困惑。帮助教师更好地适应教育改革和社会发展的要求，提高学习效果，已成为深化教育改革的趋势。

（一）实践背景

学习共同体的实践背景是在教育的转型中发展的，首先，学校从以教育为主的教学理念改变为以学习为主的教学理念，终身教育也转向了终身学习。其次，学校教育也从“以教师为主体”转向“以学生为主体”，从“被动式学习”转向“主动式学习”，从以学生“学会”为主转向以学生“会学”为主，从“教师传导式教学”转向“师生互动式教学”，从“单纯学习”转向“学会对信息的选择、收集、整理、分析、加工、应用和创新”。再次，从“学生集体授课学习”转向“学生个体即时学习（包括网络学习）”，转向“在参与和期望过程中相互学习、互相帮助、共同进步”。最后，教育教学从“个体需要”转向“社会、组织需要”。

（二）理论背景

学习共同体的理论背景，其一是学习的意义，学习是与认识对象的对话（认知实践），学习是与他人的对话（社会实践），学习是与自己的对话（存在实践）。其二是社会构建主义的主张。人们受到社会和文化条件的影响，通过与他人的直接互动建立自己的知识体系，强调他人的存在和互动在个人学习过程中的作用。

二、学习共同体的理论分析

（一）对学习共同体的组织学分析

学习共同体是以课堂课程形式存在的基本学习型组织，其特点如下：第一，组织的宗旨性，以完成一般的教育任务为目标。第二，组织的系统性，组织要素必须是一个特定的、完整的结构。第三，组织的秩序性，首先是组织活动的平衡、权力的分配和责任的分配；其次是协调组织活动，协调不同领域的关系，使组织更加有序；最后是组织活动的过程，在平时的活动中保持一定的稳定性，有效处理突发事件，并在过程中积累具体的应对方法。

（二）对学习共同体的班级社会学分析

学习共同体是以学生为主体的现代社会群体，是具有客观必然性的“自由之物”。现代社会的要求确定了学习过程中的教育目标、程序、活动、交流方法和社会关系的结构。

（三）对学习共同体的教育学分析

学习共同体是教育和管理的对象。教师按照一定的教育目标和规则操作“为我之物”，但也可以从对象转变为教学主体。教师在教学过程中还必须引导学生进行自主学习和自我管理。

（四）对学习共同体的教育社会心理学分析

学习共同体不仅是课堂讲座的基本教育组织，更是一个与社会文化相联系、以学生亚文化为特征的现代社会团体。它是共同活动的主体，以教育活动为主要特征，也是以直接交流为特征的人际关系的整合。这是“自由之物”（客观存在的社会团体）通过“我的东西”（根据教育目的而建立的教育客体）的中介发展而形成的“以自我为主的东西”（自我教育的主体）。

三、学习共同体的设计原则

（一）共同发展原则

学习共同体的建设目的就是扩大组织平台的知识和功能体系。要使学习共同体的学习效果最大化，就必须同时收集组内成员所拥有的有效知识。在个人学习方面，个体的学习目标是拥有更多新的知识，并在学习共同体内分享这些新的知识。共同发展原则的具体体现就是通过学习共同体共享所有的个体知识，达到扩展学习共同体、扩大知识体系的目的。

（二）目标清晰性原则

学习共同体的目标是与学习者一起建立的，在提问和学习活动中，教师一定要对学习者的个性、需求、兴趣等基础情况有一个清晰的定位，这样才能满足学习者在学习中释疑解惑和其他需要。目标可以反映学习者的知识情况，有助于教师发现学习者的能力和弱点，教师和学习者只有明确了自己的学习目标，才可以对如何达成目标有一个正确的规划。因此，学习共同体内的每一个学习者都应该清楚地了解组内的学习目标，并在一段时间内评价自己是否达到了目标，这样才能保证每一个学习者在学习过程中尽最大的努力发挥他们的才能。

（三）元认知原则

元认知的具体内容包括审视个体的思想、了解个体的知识情况、对个体知识学习情况进行反思等。学习者在学习共同体内进行学习的过程中，要不断地审视自己的知识体系，明白和提醒自己的学习目标以及能否完成学习目标，并且要在学习的过程中定时检验自己的学习成果，甄别自己的知识情况，知道哪些知识需要学习，哪些知识自己还未涉及，最后通过反思，回顾自己在学习共同体内的学习情况，并对其做出评价。

（四）超越束缚的原则

共同体组内成员应该寻求超越他们现有水平的知识和技能，以及他们可利用的资源，需要理解事物对他们意味着什么，需要接受新的事物以及应对新的挑战，不能简单地重复从资料中所获得的信息。在面对一个新的客体进行研究时，要通过新的视角和观点找寻新的解决方法，不断更新自己的知识体系。

（五）互相尊重的原则

学习者应该学习如何尊重他人的贡献和差别，在表达自己的意见时，应该使人感受到舒适。学习者学习得越多，得到的知识也就越多，共同体内的知识资源也就越多。如果只听一两个学生的观点，那么共同体的学习就有局限性。因此，互相尊重的原则要制定出带有强制性的明文规定。

（六）从失败中学习的原则

人的一生不可能都是成功的状态，因此，学习者要学会面对失败，并从失败的过程中学会找到学习的经验和方法，为下次的成功做准备。在某种程度上，学习共同体内的学习者应该甘于接受失败，不要自责或者责备别人，要寻找到一条接受失败并从中发现经验教训的途径，使组内成员通过总结失败的教训可以更深入地进行学习，帮助学习共同体在错误中也可以得到发展。

（七）深度大于广度的原则

在学习共同体内，学习者需要有充分的时间对某些知识进行专业的研究，这样才能真正激发出个体对学习的兴趣，并积累一定的专业经验。一般而言，学习者在学习共同体内研究的深度应该集中在一些可以被广泛理解问题的要点上，也可以把重点放在学习共同体研究的客体上，并形成一种学习的习惯和思维，改变自身以往的学习方式和记忆程序。

（八）多种专长的原则

在学习共同体中，组内成员应该积极主动地发现自己的长处和能力，并有一定的责任和义务，与学习共同体组内其他成员分享自己的学习经验和专长，这样才能帮助组内个体解决一些以往难以解决的问题。学习共同体内个体获得的知识并不仅仅来自个体的活动，也来自组内其他成员的学习活动。

（九）共享原则

要想在学习共同体内实行共享原则，就必须构建新的机制来确保学习共同体内的个体获得的知识和能力能得以共享，这样可以保证组内成员既是知识的共享者，又是知识的学习者。只有学习共同体内的知识源源不断，才能保证学习共同体为组内成员提供更多的服务。因此，在共同体内实行学习共享原则是非常有必要的，这不仅可以保证组内成员的权益性，也可以使个体遇到困难时准确地寻求到帮助。

四、学习共同体的要素构成

（一）良好的共同愿景

学习共同体的共同愿景是教师和学生对未来学习的一种期望和意向，它并不是无形的、抽象的，而是明确的、具体的、持续的。学习共同体的愿景分为两种：一种是组内个体的愿景，一种是团体的共同愿景。组内个体的愿景是指个体希望通过学习共同体来追求自己的专业化发展，实现自身的学习理想，提高自身的地位，得到他人的尊重。而团队的共同愿景是指大家在组内领导者的支持与鼓励下，为同一个学习目标而不断努力，并为之奋斗。学习共同体的共同愿景是按照学习组织的要求，将个人愿景与团队愿景进行有机结合，以实现和谐统一。

学习共同体只有达成个体愿景，才能达成共同愿景，才能有蓬勃的发展活力，只有个体愿景和共同愿景保持一致时，个人和团队才能共同成长。自上而下已经确定的愿景不能激发出个体的主动性与积极性，不能真正达到自觉、自律，只是一种被动的学习和敷衍。而共同愿景是源于共同体的发展和个体的不同需要产生的，由于个体的发展因素不同，每个人都有着自身特性和资源，只有目标统一，才能达到真正的和谐，使学习共同体为了一个良好的共同愿景而奋斗。

（二）浓厚的合作文化氛围

教师不仅是社会文化的传播者，还是社会文化的拥有者和创造者。在实际的学校工作中，各类教师都具有一定的文化表现，而在学习共同体中，教师的合作文化是教师之间相互协作、相互支持、相互帮助的体现，更多的是包容与分享，使教师之间更加默契和融洽，从而协助学习共同体组织共同协调发展。

（三）合理的内部成员结构

教师是教育改革的核心，在学习共同体中，教师是关键力量，也是核心力量，只有教师愿意参加到学习共同体中，其才能称为真正的学习共同体。在学习共同体中，教师有着不同的分工和定位，一般是学习共同体的组织者、主要成员、边缘成员、导师和顾问。在学习共同体内，一般要求组织者对共同体的整体程序、学习的工作安排、优势资源、不利条件以及共同体内成员的知识体系、生活习惯、个性特点等有准确的定位，并对时代发展的形势、政策、趋势有着较深的了解。主要成员就是共同体内的核心成员，是学习共同体内学习与反思能力较强、逻辑思维与科研素质较高，并对共同体的目标及形式较为认同的成员，他们是学习共同体中保持生机或学习热情的关键。边缘成员学习能力与科研素质相对较低，但是愿意加入学习共同体，并且每次活动都表现得较为活跃，他们是学习共同体持续发展需要的新鲜动力。导师通常是指教学中工作经验较多或者具有一定科研成果的教师，他们可以为学习共同体提供参考意见，是指导和修正组织内成员学习与发展的关键力量。顾问一般是指学习共同体的外部支持者，他们可以为共同体的学习活动提供一些咨询建议。

（四）良性的循环学习方式

一个完整的学习循环会经历四个阶段：从个体对自己的实践行动结果进行有意识的观察开始，进入自我思考、自我评价、自我总结的反思阶段，并在学习共同体成员的帮助下，对前一阶段的实践进行评价与分析总结，并在此基础上研究出一套新的学习计划，从而进行下一轮的学习活动。在学习共同体中，一套良性的循环学习方式是非常重要的，因为其不仅可以锻炼个体的思考和总结能力，还可以在不断的循环中调整个体的学习方式，进而将其运用到新的学习活动中去。

五、学习共同体的优势

随着教育改革的不断发展和学习型社会的到来，教育组织中的教师逐渐意识到学习始终是教育中的重要活动。“学会生存、学会生活、学会认知、学会做事”不仅是教育改革发展的重点，也是教师专业发展道路上的基本态度和主要内容。学习共同体作为学习型组织，具有一定的开放性，这也意味着组织内的成员可以共享知识和目标，人际关系也是平等的、开放的、和谐的。

在心理方式上，学习共同体成员首先要进行自我内部管理，反思自己的思维方式以及思想目标是否正确，调整好自己的心理状态，积极有效地表现出自己的观点和思想，通过共同体，共享他人的知识和思想。在心理空间上，共同体成员不是封闭的，他们为自己是一个有责任感和牢固关系的共同体的成员而感到自豪，具有强烈的认同感和归属感。组织内成员也是平等的，成员之间相互理解、相互学习、相互帮助、相互协作，在同一空间中一起交流和学习，并且尊重每个成员的差异，强调参与感，让成员们学习追求卓越，在小组学习和讨论的背景下，挖掘出个人的潜力，克服学习障碍。因此，学习共同体的优势主要有以下几点。

（一）有利于培养组内成员的沟通能力，提高学生参与学习的能力

在构建学习共同体的课堂教学中，学生与教师之间的互动并不是单一的，而是多方面进行的，学生可以有更多的机会表达出自己对学习的看法，并且充分开发自己的创造性思维，对同一问题创建不同的答案，有一个更加广阔的发挥空间。在学习共同体中，讨论是在所难免的，学生为了提出自己的主张，补充或者反驳对方的意见，就不得不组织好自己的语言，因而在不知不觉中，提高了自己的语言表达能力。构建学习共同体更能突出学生的主体地位，培养他们积极参与的意识，激发学生的创造潜力。

（二）能够唤醒学生的主体意识，变“被动”为“主动”

在学习共同体内，个人的学习成果是与组织挂钩的，这就要求组内的每个成员都全身心地投入到学习中去，钻研教材，并且带着一定的疑问进行学习。在学习的讨论和交流中，个体不仅要为自己的学习负责，还要为学习共同体的荣誉负责。因此，每个成员都会尽其所能完成学习任务，在学习的过程中，不仅提升了学习的自主性，而且强化了自身的集体责任感。

（三）可以有效提高监管力度，提高学习效率，优化学习方法

建立学习共同体可以有效调动起学生讨论和交流的热情，增强他们的认知兴趣。在学习共同体中，组内以合作为主，组间以竞争为主，学习气氛紧张中带着愉悦，学生的集体荣誉感和好奇心被充分激发，成员在团队的竞争中提高合作意识，彼此之间进行有效的监督，共同提升学习效率，找到适合自己的最优的学习方式。

总而言之，构建学习共同体在实际教学中是一种十分可取的教学方式，它不仅打破了传统的教学模式，充分重视学生的主观性和创造力，还可以使教师的主体地位更加明显。在学习共同体中，教师可以深刻认识到学习共同体的优势和重要性，不仅培养了学生的合作意识，使学生在共同体中感受到成功的喜悦，增加自信心，同时，也提高了学生的成绩。教师在教学中应继续促进团队合作，以更好地提高课堂教学效率，激发学生的学习热情。

第二节　学习共同体与学校教学的关系

一、学习共同体的组成

第一，共同体内的每个成员都应该是平等的。学习共同体中的成员，教师与学生、学生与学生、学生与家长、教师与家长、教师与教师之间的关系都是建立在平等的基础之上的，只是角色不同，无等级差异。在学习共同体里，人与人之间的关系是民主、平等的，不存在服从与被服从、支配与被支配的等级关系；每个人都既是学习者，又是潜在的教师，“有知”与“无知”、“师”与“生”没有绝对的分界线；学习者之间是合作、互惠、相互促进的关系，而不是对抗或相互隔离的关系。从某种意义上讲，教学主体之间的对话合作在本质上是一种教学主体之间共享知识、共享经验、共享智慧、共享生活意义和生命价值的过程。这一点，不但教师自身要认识到，共同体内的每一个成员都要认识到。

第二，在学习共同体中，教师的作用得以重新构建。为了促进学生对所学知识的意义构建，为了促进学生社会化自我的形成，为了培养学生终身学习的能力，教师要提高自身的能力和对工作的要求。教师不仅要精通教学内容，还要熟悉学生，掌握学生的认知规律、社会文化背景和经验，掌握现代化的教育技术，对学生的学习给予宏观的引导与具体的帮助，也要做家长的朋友，携手家长共同参与学生学习成长的过程。教师要定位自己的角色，要有所为有所不为。

第三，作为学习共同体的学校，不仅要成为学生相互学习成长的摇篮，而且要成为作为教育专家的教师们相互学习成长的沃土，成为家长和市民参与学校教育、相互学习成长的田野。提起家长参与，在特殊教育学校，每学期一到两次的家长会都很难实现。学校为了能让家长更深入地了解学校、了解自己孩子的成长情况，通过各种形式向家长开放课堂、开放校园活动，但在这种开放活动中，家长往往是旁观者，更多是关注自己的孩子，而不是真正参与到孩子的学习成长的过程中来。而真正的学习共同体，需要家长走进课堂、走进学校，与孩子共同学习。许多学生的家长，把孩子送到学校后，几乎就不再主动联系教师、联系学校了。诚然，孩子在学校可能比在家里生活得更优越、精神上得到的更富足，但是教育不是仅凭教师、学校、国家之力就可以实现最优、最大效果的，在学习共同体的创建过程中，家长的参与是必不可少的。在学习的过程中，家长应该与自己的孩子甚至与其他孩子和家庭建立联系，通过参与学习活动，共同负起教育责任。

关于学习共同体，还有很多值得思考和挖掘的问题，特别是教师间共同体的构建，操作起来看似简单，但深入进行下去却很难。教师们可以通过交流与合作，进行多样的思想碰撞，重新产生并雕琢个体的思想，通过深度合作获得个体的专业成长，从而引导学生共同成长。

二、学习共同体对教学开发的作用

教育的价值观念和教学的价值是在长期的教育工作中逐渐积累起来的，课堂教学的开发也只是教育工作的催化剂，教育工作者的思想观念是要经过时间的验证才能得以体现的。进行教学开发，转变教师传统的思想观念，加快教师专业发展，仅凭个人的能力是无法做到的，但可以利用个体的力量来改变整体。学习共同体的建立，可以协助教师开展案例教学，并进行知识的共享，有利于营造动态的教学环境，提高教师的自我效能感，推动教学开发的进行，从而促进教学团队的变革与发展。

（一）学习共同体有助于分享教师课堂教学案例开发的经验与知识

知识的分享与交流是学习共同体带给组内成员教师和教育界的最大利益，学习共同体也为组内成员建立了多方面的联系，如学校之间、区域之间等，这种联系是多层次、多方面的，为教师提供了更多的交流机会。帕尔默在《教学勇气——漫步教师心灵》一书中指出：“任何行业的成长都依赖于它的参与者分享经验和进行诚实的对话。同事的共同体中有着丰富的教师成长所需要的资源。”学习共同体中的组内成员有充足的时间和机会进行交流，每个教师都有自己独特的教学方式和课堂教学经验，即使是同一个学科的教师，其在选择材料、书面教学、案例讨论和规则归纳等方面也是存在差异的。可以说学习共同体内成员的多样性和差异性本身就是一种重要的学习资源。教师通过在学习共同体内的交流讨论、互相借鉴、互相帮助，不仅可以减少案例开发的时间和负担，还可以获得更加专业的同事或专家的支持，时刻保持思维的活跃性，以便轻松地产生新知识并实施创新知识。

（二）学习共同体有利于生成教师进行课堂教学案例开发的动态环境

课堂上的变化环境可以激发教师在课堂上进行教学的欲望，而教师工作的物理环境相对稳定，因此只有改变教师对学习环境的思维方式与态度，才能改变教师的精神环境。学习共同体不仅为教师提供了一个分享教学经验的场所，还为教师之间的合作提供了更多的机会和可能，更为教师思想感情的交流提供了一个共享的平台。教师在学习共同体平台中的交流对话是开放性的，可以是轻松的，也可以是严肃的；可以是逻辑性的，也可以是充满想象力的；可以是结果性的，也可以是过程性的。从本质上看，这是一个对等的、追求双方认同的过程。教师团队的相互合作、交流和沟通对改变教师的思维和行为以及培养教师的自信心是非常重要的，个别教师更有可能从不同角度发现自己的问题和不足，以寻求解决方案。作为思想和计划交流的一部分，教师处于学习支持环境中，他们可以达到自己的目标并找到新的起点。在这个过程中，课程教学的发展是在不同的条件下进行的，教师可以创造一个不断变化的相互合作、相互学习的环境，鼓励教师为学习找到不同的起点，适应不断发展的动态环境。

作为教师自愿组合的组织，学习共同体允许教师进行平等的对话并在其中进行自由发言，从而为教师提供稳定情绪、寻求心理安慰的机会，鼓励和欣赏组内对话的成员，为教师提供心理支持和精神启发。由于学习共同体坚持平等与民主的原则，因此成员教师在尊重和认可其他成员的同时，也会得到别人的尊重和认可，每一个人都可以发挥出自己的潜能。积极健康的文化氛围可以提高教师的团体意识和凝聚力，消除他们的无助感和孤独感，帮助他们相互鼓励，营造积极、团结和活跃的文化氛围，以满足教师对自尊和归属感的需要。

（三）学习共同体有益于提升教师进行课堂教学案例开发的效能感

教师的效能是指他们是否有能力对学生产生积极的影响，通常包括两个方面：教师的个人教学有效性和教学的总体有效性。在学习共同体中，教师通过教学案例的讨论、交流等，互相学习、互相评价，然后进行实践操作，并在不断实践和反思的过程中，改进教学方式，增强专业能力，使教师个人和团体的效能感增强，在教学实践中表现出对教学创新的积极意识及良好的合作和专业形象。

第三节　学习共同体的构建

一、学习共同体的构建原则

（一）“不抛弃、不放弃”的原则

我国传统的教育思想中就包括“不抛弃、不放弃”原则。我国古代的教育家、思想家孔子创办私学时主张的教育思想就是“有教无类”，一个人不论出身如何、家境如何，都可以受到同样的教育。而且，“不抛弃、不放弃”也是我国教育方针的基本要求，《国家中长期教育改革和发展规划纲要（2010—2020）》中就提到过，义务教育的推进要发展均衡，均衡发展的义务也是国家教育的战略性任务，应使我国的每一个孩子都可以接受到公平的教育。在学习共同体中，“不抛弃、不放弃”原则就体现在组内成员的互相合作、互相影响和互相进步上，从而保证每一个学生都可以顺利通过各种考试完成自己的学业。

（二）多样性组合原则

构建学习共同体，遵循多样性组合要求可以使水平不同的学生获得相应的收获。由于各种因素的不同，导致学生对于学习的态度不同、兴趣不同，学习的热情也不同，因此也就产生了参差不齐的水平。在学习共同体组间学习活动时，常常会涉及分组的问题，就如何分组，很多教师有着自己不同的观点。有的教师认为，可以把学习水平上下浮动较小的学生放在一个组，也就是学习好的学生在一个组，学习差一点儿的学生在一个组，这样可保证组内学生的心理落差不会很大，既便于学生就学习活动进行讨论和交流，也有利于教师在教学中进行分层指导，完成相应的教学目标。但是这样分组很有可能造成学生之间产生一些歧视思想，扭曲学生的心灵，不利于他们健康成长。而在学习共同体中，根据多样性组合的原则，将不同水平的学生分到一个组内，可以使他们之间进行交流和讨论。“寸有所长，尺有所短。”每个学生都有着自己的过人之处，多样性组合的分组原则可以保证学生的平等参与权利，使学生平等地表达出自己的观点，而学习较差一点儿的学生也可以通过交流和切磋，完善自己的观点。这样，学生也会在差异之中收获更多的知识和能力。

二、学习共同体的建立措施

学习共同体指的是由学习者及其助学者共同构成的团体，其成员具有平等的话语权和参与权。作为教师主动研究的平台出现的学习共同体，是由教师和其他有关人员构成的学研一体的组织。多元、多层次的学习共同体既是异质组合，又具有相似性，即以解决学校层面的课堂教学问题为目标指向，在此基础上实现学习共同体的整合。在基础教育课程改革实施过程中，新的教育理念和现实的差异带来了诸多问题。研究解决新课程背景下的教学问题成为基础教育的当务之急。然而，运用以往的方法和手段却难以很好地解决问题。对此，教师只能回到教育的具体情境中去寻找答案。如学校一直处于各级政府的深度关注之下，那么学校不仅要拥有一支素质过硬、对课程改革充满期望和参与热情的教师队伍，还要拥有较强的研培一体的教师培训机构，同时还应与各高校、教科所和其他相关机构一直有着良好的协作关系，以获得丰富的外部资源，利用这些优势资源发展自身是学生的主要任务。拥有了以上各方面的优势，学校可考虑构建一种新型的问题研究方式，建立多元、不同层面的学习共同体，通过对不同学习共同体的目标定位、功能划分、相互关系、运作机制、研究内容等方面的研究，保障这些学习共同体的健康良性运转，从而解决新课标背景下的教学问题，在此过程中不但要尝试找到解决问题的方法，而且要使教师自身得到发展。

（一）操作方式

1. 分学科构建学习共同体，为教师的发展架起平台，实现同伴间的互动

众所周知，学习共同体在重视教师个人学习与反思的同时，特别强调教师集体的作用，希望他们能互相学习、彼此支持、共同分享经验。在学校里，由于所任学科不同，教师在开展校本教研时只能研究一些共性的问题，而对于专科性的内容常常不能集中进行探讨，往往是各自单干，闭门造车。对此，学校

应成立以学科课题组、教研组、备课组为主要形式的研究学习共同体，并提出以研究和解决教师在教学实际中面临的各种即时性问题为首要任务，以集体备课、案例研讨、专题研究为主要方式进行校本教研学习活动，通过集体备课、互相听课、共同评课等形式实现组内成员的有效链接。教师之间的差异就是研究资源，就是合作学习的动力。因此，在更多非正式的教研活动时间里，可以实现教师间的频繁交流与对话，从而促进教研信息的流通，达到共同学习、共同提高、取长补短、集思广益的效果。

学科教研组是根据教师所任学科及其专长组建的一个研究共同体，主要通过问题研究、备课研究、课例研究、课型研究等形式来实现全体组员的多向互动。这样一个研究共同体为在课程改革的过程中解决由个体的认识差异所带来的共性问题提供了一个有效的交流平台。在这个团体中，不同的思想、不同的观点、不同的模式、不同的方法得到了共同交流与展示的机会。在研究的过程中，教师共同承担研究任务，既发扬了团队精神，又做到了群策群力，真正实现了在互动合作中共同提高、共同发展、共同成长。

2. 跨学校构建研究学习共同体，为学校的发展搭建舞台，实现校际的联动

在校本研究的开展过程中，除落实常规研究工作之外，更要注重上述分学科、跨学校研究共同体的构建。因为这样的团队既能让大家彼此信任、互为伙伴、相互影响、相互促进，能发挥集体的智慧，共谋解决问题的策略，共同分享成功的经验，又能实现同伴间的互动、校际的联动。

（二）操作措施

1. 搭建一个学习平台，营造学习气氛

一个积极和谐的学习共同体对其成员的影响是巨大的。要构建这样的共同体，首先，学校领导要转变领导方式和观念，亲自加入学校不同形式的共同体，如亲自举办学术讲座，亲自举行示范课，亲自参与教研组的教研活动，等等。其次，共同体成员之间关系要融洽、气氛要民主，要避免学术霸权，如老教师经验较丰富，青年教师思想较活跃，他们在学习中可以相互促进。最后，分工要合理，让每个人均能体验到合作的快乐。总之，学校要尽可能为教师创造一个好的学习氛围，搭建好学习的平台。

2. 选好学习内容

学习内容枯燥、单一，不仅不能引起教师的学习兴趣，也不利于教师全面、客观地看待教育问题，了解新课标。只有学习内容多样化，才能激发教师的兴趣，开阔教师的视野，使其在比较、区别中真正领悟新课标的实质。为此，教师学习共同体除了每次固定的学习内容——新课标之外，还要加入许多其他学习内容，如名师课堂教学实录、校内公开课、优秀教案研讨、某项教学热点难点问题的研讨、教学课题的研究等。这样，在新课标的框架之下，教师广泛地接触各类教学理论、教学现象，从而有所启发、有所收获。

3. 建立学习机制

教师学习共同体是建立在其成员主动自觉地学习的基础上的，但其自觉性并不是自发的，其成长也要经历由他律到自律的过程，因此，配以制度保障是完全必要的。首先，学校要根据教师发展的需要构建共同体组织，如组建教研组、备课组、专家组等。其次，学校组织要与学习共同体相结合，共同体要对其成员提出明确要求，如学校组织可以给共同体提出公开课、读书报告会、专题讨论、课题研究的次数、内容等建议；各共同体可以要求其成员每周进行一次教学学术交流，每学期写一份评课材料，每学年撰写一篇专题研究论文，青年教师和骨干教师每学期分别上一节汇报课和示范课，等等。最后，学校要建立相应的考核机制，学校可以组织由专家引领的考核小组对教师进行发展性考核，可以制订首席教师、学科带头人、骨干教师的评比方案。学校组织要对共同体的活动进行考勤、质量评估等。考核机制要充分体现其导向性和激励性，以真正使教师从“要我学”转变为“我要学”。构建教师学习共同体，可以使教师在群体学习中不断地超越自我，在不断地自我超越中提升自己的专业素养，并最终实现教师队伍的专业化。

4. 学习方法、方式的创新

教师学习共同体的构建应该重视学习方式，学习方式是关系到学习共同体能否真正提高教师理论水平和业务能力的一个很重要的方面。在学习方式上除了一般的共同学习形式外，还可采用以下方式：

（1）结伴合作方式。结伴合作方式让教师在相互间的交流与沟通中获得心理支持，交流新的想法，通过分享材料、计划和资料，共同努力，减轻个人的负担，共同营造轻松愉快的学习氛围，从而促进自身的专业成长。教师可以通过与同伴合作获取、理解和运用所得到的资料来促进自身的专业学习。这种同伴合作既可以是新老教师的学徒合作，也可以是同教材教师的协商合作；既可以是自由组合，也可以是学校建议的组合。

（2）骨干及专家引领方式。骨干及专家引领方式即以教师为研究主体，对学校教师中的骨干给予必要的引领构成学习共同体，从而促进教师的专业成长。让有接受某方面教育需求的教师跟随骨干教师学习或直接担任其助手，可以使导学者与被指导者直接对话，在学习和协作中丰富教师的知识，提高其能力。使教师协作学习共同体能够及时调整跟进，不断提升自我，是促进教师专业成长的重要形式，如专家讲座、专家评课、名师导学均属此方式。学习共同体是一项以学校发展为本，以教师发展为本，以学生发展为本的基层性教研活动。其重点强调的是立足学校现状，突出教师主体，着眼教学实际，促进教师的专业发展。教师群体就是一个学习共同体，在学校中构建教师的学习共同体，是学校在促进教师向专业化发展过程中发挥作用的一条有效途径。

第三章

体验式活动的组织与实施

第一节　体验式活动的特征与需求诊断

一、体验式培训特征

体验式培训是代表英、美等国家教育理念的教学手段，受文化与国情差异的影响，我们必须对其做出更加细致的分析，才能够了解其真正的内涵，特别是当“体验”与“培训”结合在一起的时候，教育者更有责任让更多的人理解体验式培训的特征。

（一）多元结果

现代教育的最终目的是使成年人或少年儿童具有适应不断变化的社会环境和不断发展自身的能力。21世纪，随着互联网技术和人工智能技术被广泛应用，人们只有不断提升自己的学习能力和学习意识，才能适应这个高速发展的时代。体验式培训作为一种集不同情景、不同项目、不同形式于一体的新时代教学模式，为人们提供了开放多元的学习环境。我们可以在不同的活动情景中逐渐学会调整自己的心理状态和生理状态，适应不同的困难与挑战，进而提升自己的危机意识与解决问题的能力。在体验式培训中，引导员会让学生意识到很多问题不是只有唯一的解决方式，也可能不是只有一个答案。这样学生就会不断主动地针对问题进行思考，也会不断地思考新的解决方法去探寻问题的答案，提升自身素质。

（二）经历风险

人生就像独木舟在溪流上航行，虽然有明确的目的地，但永远也无法预见下一段水域会遇见什么。人生，原本就存在很多风险。

对于体验式培训课程中风险的认知，很多人还只停留在单纯的生理伤害上，忽视了活动中的风险对体验者心理、情绪以及社会关系的影响。“体验式培训”从字面意思来看是指一种全新的、带有冒险性质的培训互动，但是更多的风险来源于体验者自己的内心。体验式培训会在确保学习者绝对安全的前提下，使其面对困境，进而使其心中产生一定的风险意识。体验式培训的这一特点，要求引导员必须在活动进行之前做好前期的准备工作，如定期检查各种设备，确定各种风险的应对措施是否完善。引导员只有确认学习者在参与活动过程中生理上的安全之后，才能进一步调动学习者的心理情绪及精神状态使其直面各种困境。

其实，体验式培训正是因为适度保留了一定的风险，才能使学习者可以在活动中挑战自我、积累经验、提升自身素质，这也正是体验式培训的魅力所在。例如，在多人徒步登山的体验式活动中，引导员通过对人员资料的筛查将不同年龄、不同爱好、不同性格的学习者安排在同一小组。在此期间，他们必须一起行动并且要有明确的分工，一起应对来自大自然的风险以及自己的心理困境。在这一活动中，学习者虽然不会面临极大的身体上的挑战，但是他们必须解决人际交往问题，打破自我定义，突破自我极限。可以预见，学习者在体验了以上风险之后，其生存能力提高的同时，心理也会更加完善、健全，也就可以更好地面对人生中的其他困境及危险。

（三）不可预测

在体验式培训过程中，即便是相同课程内容的培训情境也不是一成不变的。对于体验式培训本身来讲，存在着许多不可预知的影响因素。例如，户外环境下的体验式培训必然会受到天气、环境等方面的影响，且这些因素都会在一定程度上形成不同的风险，但这些因素造成的不可预知状况也会在一定程度上提升学习者的适应能力。另外，学习者的情感以及团队氛围的变化也会在不同程度上为体验式活动制造困难，这也是不可预测的影响因素之一。因此，学习者必须学会观察环境并且与身边的人进行良好的沟通，即提升自己的风险应对能力及人际交往能力。

真实案例：一个酷暑难耐的下午，引导员的课程继续在操场上实施，即将进行两天课程里的最后一个内容。此时小组的大多数成员显得有点疲倦，再加上太阳的炙烤，所有人都感觉体力快要透支了。当然，并没有人想要放弃，学习者们依然投入引导员为他们安排的活动中。让人意外的事情就在此刻发生了，突然乌云滚滚，暴雨倾盆而下。引导员和大家商量，希望能够暂停活动，进入室内避雨。然而，让引导员意想不到的是，成员们坚持在雨中继续活动，且态度十分坚决。此时，教学经验尚浅的引导员没有过多地思考，便招呼身边的培训助理，让其从库房拿雨衣来。当然，当雨衣送来时，在场所有人都已经湿透，但是大家参与活动的热情丝毫没有减弱，相反，外界压力把团队克服困难的决心进一步激发了出来。当所有人在雨中完成课程后，拍了一张合影。相信这段经历会使所有人永生难忘。

（四）激励作用

对体验式培训的设计来讲，必须具有一定的难度以激发学习者的兴趣，使他们产生必须努力才能完成任务的感觉。只有这样，体验式培训才能真正起到激发学习者潜能、调动学习者兴趣、提升学习者自身素质的作用。也正是因为体验式活动对于学习者来说是具有一定难度的，他们才能在完成任务的瞬间获得成就感和自我认同感，进而更愿意完成具有挑战性的任务，走出生活的“舒适区”。

知识链接：舒适区

舒适区（comfort zone），是指一个人所表现的心理状态和习惯性的行为模式。在这个区域里，个体会感觉舒服、放松、稳定，能够掌控自己的情绪，具有安全感。一旦走出这个区域，他们就会感到别扭、不舒服，或者不习惯，如进入新的社交圈、尝试不同的思维模式、改变固有的行为习惯等。舒适区是人们的一种心理状态和精神状态，长时间处于舒适区的人们会形成固有的习惯、观念、行为方式、思维方式和心理定式。

舒适区的特点：一是可以帮助人们稳定自己的情绪，类似一种自我调节器；二是可以帮助人们进行心理建设，起到一种“避风港”的作用；三是决定了人们对于外部信息的接纳程度。

从舒适区的特点来看，习惯于处在舒适区之中的人接受挑战的欲望不高，也不会主动寻求改变。他们中的大多数人察觉不到生活的压力，安于现状，没有危机感。与之相对应的，走出舒适区的人需要承受来自生活的压力和未知的挑战，他们会对生活或工作产生新的目标，努力构建新的舒适区。人们将这个新的舒适区称为最佳表现区。这个区域中的人们会对生活及工作表现出极大的热情，并且努力学习使自己获得新的技能。

（五）选择性参与

学习者的参与性是影响体验式培训效果的主要因素之一。因此，体验式培训需要特别注意课程内容的安排与选择，优先选取那些有趣、新潮以及具有挑战性的活动，以激发学习者的兴趣，使其主动参与到课程中。另外，除必要的课程内容外，引导员需要给予学习者自主选择、自由发挥的空间，使学习者可以对自己感兴趣的内容进行有选择的、主动的学习。

二、体验式培训的需求诊断

尽管体验式培训能够取得传统教育无法达到的效果，但它并非灵丹妙药，也不能解决个人与团队在发展中的一切问题。处理个人与团队发展过程中的某些障碍和难题，已超出了体验式培训能够涉足的领域。就学习成效而言，体验式培训所能发挥的最大学习效应，主要聚焦于团队成员群我关系的建立、凝聚力水平的提升以及互动合作意识的增强等较为抽象的领域。因此，在为团队设计体验式培训时，引导员必须先了解学习者的需求。

通常每一次课程实施前，引导员都必须与学习者反复沟通关于课程目标、课程内容、学习者特征等问题。只有学习目标精准和明确，才能够让体验式培训达到事半功倍的效果。所以，帮助学习者分析与设定适宜的学习目标是体验式培训课程引导员的必要专业技能。在体验式培训的教学实践中，人们经常见到未对学习者需求进行周密评估而贸然实施课程的现象，其结果大多是无法达到较好的学习效果，学习者对培训前后的预期也会有落差，最终导致对学习结果不满意，而产生对体验式培训这种教学形式的质疑。因此，成功的培训必须在课程实施前对学习者的相关需求进行整体的判断和评估，进而让课程设计做到有的放矢。想要实施有效的课程设计，需要遵循以下几个原则。

（一）与学习者互信互赖

从初次与学习者接触开始，体验式培训课程的引导员就必须与其逐步建立互信互赖的伙伴关系，而非客户关系，围绕课程本身反复地进行学习与交流，构建良好互动与信任的关系。在对学习者需求进行诊断的过程中，引导员要以尊重而非判断的开放心态面对学习者的选择与决定。对引导员而言，通常采用的引导方法为面谈、小组讨论、评估问卷或相关问题的满意度调查等。除此之外，体验式培训课程的引导员还必须对组织或团队内部的一些“隐藏的信息”

有所察觉，如学习者对某一件事情的反应或情绪、团队内部气氛等问题。对于这些问题，引导员必须倾听、观察学习者的语言表达及其字里行间的信息，以开放和积极的态度，用提问的方式去澄清信息和厘清问题根源，并分享自己的观察和假设，尝试找出造成各种问题、冲突和矛盾的原因。

（二）学习者才是专家

体验式培训引导员会运用引导反思技术，将活动中的经验迁移至真实的情境，以帮助学习者解决问题。引导员常常被学习者当成解决团队问题的顾问、专家，扮演着解决方案提供者的角色，针对学习者所提出的疑虑和困惑，经过分析与判断，提出假设，并给予解决相关问题的建议。但在实际工作中，仅仅通过个别学习者的主观分析而做出的判断与假设，很难厘清事情的本来面目。草率地得出结论，给出“解决方案”，未必能真正帮助学习者解决问题，有时甚至会起到误导的反作用。有些问题出现的原因可能是前期课程目标与内容的规划与执行只局限在引导员身上，学习者本身参与的空间很小，仅仅强调了“顾问、专家”的单向作用，限制了双方经验的分享和探讨。事实上，学习者对自身所在团队的真实境况与困惑是最了解的。通过开放的、更深入的沟通，尽可能分享更多的资讯，以及交换不同的观点，与学习者共同定义问题，并找准原因，这样的需求诊断过程更突出沟通的双向交流，引导员不以顾问、专家自居，必须让学习者充分了解：只有学习者自身才是真正能够推动自我成长的专家。

（三）多元视角

学习需求的评估过程是一个相对比较复杂的过程。对于团队学习目标中的某些议题，团队内部每个人都有自己独特的理解和认知方式，因此只有广泛收集与分析这些不同的看法，才能够看清楚整体的状况。体验式培训课程的引导员绝不能仅凭与培训对象群体中的个别人或来自团队高层的管理者的沟通来确定某次培训的目标，因为不同对象通常容易从自身的角度或立场出发，做出主观判断。如不能加以分辨，引导员很容易带着偏见对团队做出判断。

为了避免信息来源单一所造成的信息失真的风险，引导员需要与来自培训对象所在部门或组织内外的不同人员进行沟通，对相关背景资讯以及与学习目标相关的假设和预期问题进行澄清。同时，将汇总的资讯与观点反馈给培训对象的负责人（人力资源部或培训部），进而整理相关问题的真实反馈。这样的沟通与反馈过程，将会为体验式培训的参与者带来更多的学习与自我反思的机会，不仅能够帮助学习者了解自身与团队当下的状况，更为后续的培训提供了真实的基础。体验式培训课程的引导员在向不同对象收集信息的过程中，切记只有以中立及客观的立场，以具体事实作为判断的依据，经过不断澄清与沟通的过程，才能更清楚地确立学习者的真正目标。

（四）管理学习者的期待

成功的需求诊断，可为学习者提供明确、具体、可操作的学习目标，这些期待决定了整个体验式培训的架构与内容。对培训目标及效果模糊不清甚至不切实际的期待，只会造成学习资源的浪费，最终也不会产生多方满意的结果。培训活动的组织者或管理者可能会因没有实现预期的培训目标而对体验式培训或课程引导员感到失望，引导员也会因为没有实现学习者的期待而倍感压力。然而，更大的损失在于，对体验式培训的参与者而言，不仅耗费了时间和情感，还可能因为一次培训的不满意，而对自己所在组织未来要安排的相关学习活动产生疑惑。

体验式培训引导员为了能够与学习者共同设定出能够达成的学习目标，必须协助学习者梳理出具体和可评价的指标，内容如下：

第一，在这次培训中，最重要也是最有价值的一件事情是什么？

第二，这次培训成功与否的关键在哪里？

第三，如何判断和评估学习者在培训后的改变？

第四，学习者通过这次培训，期望个人的哪些行为与能力明显得到改善？

以上都是在诊断课程需求阶段引导员必须与学习者一起商定的内容，加上对学习资料、课程时间、学习者特征等客观条件的整体分析，引导员与学习者才能达成对培训目标的共识。客观、合理的需求诊断，以及明确而有效的目标设定是培训成功的基础保证。

履行上述需求诊断的原则之后所确定的学习目标，必须再次与学习者进行确认，并得到培训对象所在组织管理者的认同，否则仍旧存在不确定性的风险。没有经过周密的需求诊断而实施的体验式培训是对学习者时间与金钱的不负责任。“百分之八十的培训成效，取决于百分之二十的课前诊断。”

第二节　体验式活动的组织实施

不论哪种类型的体验式培训，课程内容的主体均由各种活动与游戏构成，每项活动均应根据一定的逻辑结构来组织编写引导员的教案，便于引导员在计划与实施操作时更得心应手。

一、课程的名称

体验式培训中涉及的活动通常可以概括为以下几类名称：一类是有些活动的名称直接参考国外的称谓，如trust fall（信任倒）、spider web（蜘蛛网）等，这些活动的名称比较直观地表达了活动中的主要元素和概念，因此直接将其翻译为中文即可；另外有些活动是依照活动情景或使用的器材与教具进行命名的，如giant ladder（巨人梯）、气球塔、清除核废料、搭书架等。此外，引导员也可以根据学习目标或者参与对象的不同特征来更改活动名称，以应对当时的活动情景和培训目标，激发学习者的兴趣。

二、课程中活动的类型

体验式培训中的活动类型是依据团队成长和真实学习情境的变化历程来设定的。卡尔·朗基提出将体验式培训课程中的活动分为五大类型：第一，破冰和初识活动；第二，沟通活动；第三，信任建立及相互支持活动；第四，问题解决活动；第五，低高空绳索活动。中国台湾地区学者谢智谋在继承其分类的基础上又进行了一定的拓展，增加了“分享感受活动”与“暖身活动”，并将第一类的破冰和初识活动独立分开。以下为各类活动的主要特征。

（一）分享感受活动

分享感受活动可用于课程的前、中或后期各个阶段，用以帮助引导员利用外在线索或物品去了解团队中学习者当下的感受，通过外在物的隐喻，来抽象描述参与者在活动中的感受或对当下团队的感觉。

（二）热身破冰活动

热身破冰类活动，顾名思义，就是在学习者参与活动的初始阶段产生初步的互动，通过简单、有趣的活动，帮助团队成员消除人际隔阂，适应陌生环境，构建引导员与学习者之间的信任关系。这类游戏性活动可以建立人与人之间自然的互动氛围，为后期关系的深入发展打下良好的基础。

热身破冰活动的特点：第一，趣味性是主要的活动元素；第二，尽量让队员能够在没有任何威胁感的状态下进行活动；第三，适度的挫折感、言辞上的互动，以及决策的技巧，都有助于完成任何一项以成功为目标导向的任务；第四，参与热身破冰活动并不会导致严重的挫折感。

（三）认识活动

认识活动通常使用于热身破冰活动之后。在团队成员经过前期热身活动后，团队氛围呈现出愉快、轻松的状态，此时是加深成员彼此认识的绝好时机，在互动的情景下相互了解比一般性自我介绍更加生动活泼，且更具效果。

（四）沟通活动

沟通活动是一种传达及交流彼此思想的活动。在此阶段，团队成员已经建立起了初步的认知，对彼此也有了一定的了解，因此可开始进一步通过各种思维互动、肢体接触等更为频繁的活动消除隔阂与生涩，完成一些难度较低的活动，建立团队成员间初步的沟通和行为模式，推动团队成员参与团队的建立。

（五）信任建立活动

信任建立活动主要是实现团队内部信任度的提升和人际关系的改善。所有活动的完成只有在相互支持、需要与被需要的前提下才能够实现，这一过程既能够提升学习者的自信，同时由于良性的互动过程，又能进一步改善群我之间的合作关系。

信任建立活动的特点：第一，包含了团队在生理及心理方面的互动；第二，通常包括趣味性及些许紧张性活动；第三，必须注入队员们对于彼此安危的支持与合作；第四，大部分活动都包含了一定程度的“风险承担”；第五，团队会逐渐地培养信任感；第六，信任活动的运用是为了建立信任，基本的信任活动一旦被选择，便能重复运用，以此强化及保障队员的安全。

（六）问题解决活动

学习者通过经历活动中问题解决的过程，来习得如何在团队中分工、合作的经验是体验式培训课程的应有之义，也是对“有意义的活动体验转化为有价值的教育经验”这一理念的最好诠释。问题解决类活动的核心价值是让团队成员在活动中充分发挥团队精神，学会在团队中与他人合作与互动的技能，通过集体的力量来解决难题，并实现目标。该类活动并不强调个人英雄主义在活动中的作用，而是借助合作和优势互补的方式来完成活动预先设定的挑战。正是看似个人无法独立解决的困难，经过团队所有人共同努力，使团队凝聚力在问题解决的过程中得到了提升。

问题解决活动的特点：第一，由于活动涉及心理情绪以及生理层面，所以可能引发轻度的不适及挫折感；第二，成功与失败是次要的，勇于尝试的态度才是活动的重点；第三，充满趣味性的活动能让学习者感觉有能力胜任，同时建立自信心；第四，凝聚合作与相互支持的气氛让学习者相互鼓励并积极参与；第五，有的时候会产生比较严重的挫折感，这时千万牢记“耐心是一项美德”；第六，配合活动的进行，学习者必须能够表现出倾听、合作与妥协的配合能力。

（七）暖身活动

体验式培训课程中的活动和一般团队游戏最大的不同之处在于，体验式培训更加强调活动经验的转化，以及活动中经验学习的焦点。暖身活动通常是在课程结束或阶段课程结束后，以一个有趣的活动作为整个学习过程的收尾。引导员通过暖身活动对之前的学习经验进行梳理和总结，同时通过积极正面的互动过程强化学习经验的迁移和转化。

（八）低、高空绳索活动

体验式培训课程通常包含两种类型的绳索活动，即低空绳索活动和高空绳索活动。低空绳索活动指的是学习者离开地面的高度在一人身高以下，危险性较低，只有经过规范的教学指导和保护动作的练习，学习者才能参与活动。高空绳索活动的高度通常在3米以上，最高可达到12米，危险性相对较高，必须在配备专业设施和装备的前提下，并有专业人员的指导和保护，否则不可贸然操作。低空绳索活动的目标在于提供团队成员建立个人责任感的机会，而高空绳索活动强调的是个人内心恐惧的突破和挑战。体验式培训课程的引导员可以利用低、高空绳索活动来评估团队成员彼此责任承担的程度，推动个人责任心的产生和团队动力的提升。

知识链接一：何谓平面活动

与低、高空绳索类活动相对应，国外很多人将在室内外进行的活动统称为平面活动。随着体验式培训课程在学校、社区和工商企业培训中的开展，平面活动因其在场地设施、器材物料方面的便捷性等优势被广泛使用。不同于野外冒险活动和低、高空绳索活动需要在特殊的场地，或者是拥有固定专属的设施才能进行，平面活动将一部分体验式培训活动简化成在任何地方都能够实施，只需要一些简单和可携带的教具和器材，如纸、胶带、气球、毛绒玩具、扑克牌等，甚至可以不用器材进行操作的活动。

三、体验式培训的教学流程

教学流程是影响教学效果的重要因素之一，体验式培训的教学流程同样决定着最终的教学效果。体验式培训的教学目的不能只局限于娱乐性质的团队游戏，更应该关注学习者能否将活动中的各种经验转化为自己的人生体验，使体验式培训发挥其应有的作用。体验式培训具体可分为三个阶段，即情境塑造、互动带领以及引导反思。这三个阶段之间并没有明确的界线，但具有一定的层次和递进关系，并且它们之间的有机联系构成了完整体验式培训课程。

体验式培训之所以如此迷人，其中一个重要的原因是活动中学习者之间的互动、协作及分享的过程，可以让每一位团队成员明显感知到团队的“能量”。这种“能量”的感知是团队群我关系、个人认知水平和团队解决问题的能力明显提升的结果。吉姆·舒尔（Jim Schur）与理查德（Richard）提出了探索能量波（adventure wave）的概念，对体验式培训教学过程的特征进行了概括：团队能量的变化类似湖面的波浪，具有能量起伏的变化与传导的特点。体验式培训的教学过程包括三个部分：一是情境塑造；二是活动带领；三是引导反思，并循环往复依次递增。

（一）情境塑造

在体验式培训过程中，引导员需要提前告知学习者有关“选择性挑战”的理念，然后向他们简单介绍接下来的活动情境，强调活动的基本规则。但需要注意的是，活动的规则不是一成不变的，引导员需要根据自己的教学风格、教学目标以及学习者的具体情况而定。体验式培训本身即是一项充满变数的教学活动，固化的活动规则只会造成教学活动的死板，“教无定法”正是对此经验的总结。

引导员在阐明活动规则之后，需要针对不同的体验式活动向学习者说清楚活动风险与安全规范。这当然也是情境塑造的一部分。引导员通过口述可以使学习者提前意识到潜在风险和团队合作的重要性，还可以在一定程度上降低陌生环境对学习者身心造成伤害的风险。

最后，引导员需要明确体验式活动的教学目标，引导活动的教学方向，确立活动的价值导向。但是，在需要了解团队成员的个人素质和沟通能力时，引导员也可以不直接说明白活动目标，而是引导学习者通过自主探究、集体讨论的方式去探寻它。对于教学目标的透明程度，引导员可凭借自身经验和学习者的状态、需求进行适当调整。但这种信息隐藏会造成一些潜在的风险，这是引导员需要注意的。

知识连接二：构建情境的实用方法

第一，隐喻。这是一个富有创意且有效的方法，在活动引领尚未开始时，引导员通过构建情境，使活动参与者事先沉浸在刻意营造的情境下，加速参与者对学习目标的连接。

第二，前导式提问。该方法是引导员在活动前通过引导性的问题，告诉活动参与者在活动结束后，将会进行某个议题的分享反思。因此，参与者可以在活动进行中就此议题进行观察与思考，进而强化学习目标的焦点，有效提高学习的针对性。

第三，目标设定。必要的时候，引导员可以要求活动参与者在活动开始前为个人或团队设定目标，如完成的时间、挑战的次数或达到的分数等。体验式培训最重要的就是对活动中的经验进行转化，将之迁移至实际生活中。特别是对于工商企业培训类的课程，公司为了安排一次活动课程的学习，投入相应的时间和经费，怎么可能只是玩玩而已？所以，引导员不能让参与者仅对活动感兴趣，必须使学员更加明确，如何通过活动经验中有意义的部分来促进工作绩效的改善。

（二）活动带领

活动是体验式培训最为核心的组成要素，因此体验式活动的设计是培训过程中的重中之重。体验式培训的引导员必须根据学习者的个人需求和其组成的团队的发展需求选择合适的活动内容。在这个阶段引导员的主要任务是激发学习者参与活动的兴趣，使其主动参与到培训中，发掘自己的潜能，完成既定的团队目标，为整个团队的行动贡献自己的力量。然而，在这个阶段，“选择性挑战”的活动理念仍然要贯穿始终，无论学习者是否愿意主动参与到团队的集体行动，他们的决定都应该被重视。因为体验式活动始终强调的是学习的过程，正是学习者各种各样的选择构成了真实、丰富、复杂的体验式培训课程。所以，强迫学习者参与到团队中或是团队行动中，对于体验式培训来说并非是必要的，而且也不具备任何现实意义。

另外，引导员在体验式活动进行过程中，要时刻保持专注，注意每个学习者的身体情况和学习状态，并在意外状况出现的时候及时应对，以便使活动可以在大方向上与既定方案保持一致。对此，卡尔·朗基分享了一些宝贵经验。

第一，引导员即使是对于自己经常引导的体验式活动，也必须保持绝对的专注度。对处于信息爆炸时代的人来讲，克服对重复事物的疲劳感、保持专注永远是一个不会过时的话题。而对于体验式培训的引导员来讲，怎样对其已经进行过多次引导的活动形式保持新鲜、好奇也是一个无法回避的问题。可以说，在体验式培训过程中，引导员的情绪与态度直接影响着每一位参与其中的学习者。如果引导员不能全情投入到活动中，就无法充分调动参与人员的情感与态度，也无法及时应对各种突发情况，这对引导员和参与活动的学习者都是一种巨大的损失。

第二，在活动中设置适当的挑战，提供符合学习者“最佳表现区”的成功条件。为了激发学习者的兴趣与欲望，在体验式活动中加入一些具有挑战性的任务或目标是不可避免的。这些任务和目标不仅可以帮助学习者全身心地投入到培训中，也可以激发团队的凝聚力，增加学习者作为团队个体的荣誉感和自信心。引导员需要注意的是，选择挑战的难度需要遵循一定的原则，即符合展开活动时的外部环境以及学习者的自身发展情况。学习者只有有能力完成难度适中的任务与目标，才能起到对个人或团队的正向激励作用。

第三，引导员需要依据自身经验，适时参与到活动之中，引导整个活动沿着正确的方向展开。体验式培训的开展大多处于一种开放的情境之中，而参与其中的人才是这个情境的主导者。引导员虽然也参与其中，但更多的是作为一个旁观者。当体验式活动的发展方向偏离既定“航线”时，就需要引导员主动介入，担任舵手的角色。

知识链接三：引导员何时介入活动

体验式培训引导员必须对自己活动实施的能力具有信心，除此之外，对活动过程中出现的状况还应该具备一定程度的认知。例如，当参与者并未按照预期的方向进行活动而出现偏离时，需要引导员适时介入。引导员介入，并不代表引导员选错了活动或设计不够合理。有时候团队需要引导员介入仅仅是因为用尽了资源或内部出现了冲突而导致停滞不前，他们可能需要引导员提供一些支持或引导。但是体验式培训引导员必须清楚，在介入阶段绝不能为团队提供任何涉及主观价值判断的信息。另外，如果引导员没有适时介入，参与者可能在这项活动中受到了太多的挫折感，进而无法再对该活动有任何兴趣，甚至失去信心，最终做出了负面的评价：“这活动根本不可能完成”“肯定是规则有问题”“是不是教练故意刁难我们”。

第四，体验式活动的内核不是竞争而是合作。体验式培训活动与某些团队类型的竞技游戏有些类似，甚至有些人无法准确地区分两者。尽管团队类型的竞技游戏也强调“共同参与”这一概念，但始终以“竞争”作为活动的核心思想，这就与体验式活动之间存在本质区别。例如，团队类竞技游戏传达给参与者的观念是“比赛”，这就难免会存在胜负、输赢等价值导向。如果此类活动没有引导员进行引导，参与者就会在潜意识里认为游戏的输赢远胜于个人及团队的成长，继而就会出现过度竞争等连锁反应。相反，体验式活动中的团队竞争被进一步定义为“与自我竞争，与时间竞争”，突出自我反思、自主探索、突破枷锁的学习理念，并将团队之间的精诚合作、共同进步作为重要的评价主体。这样就可以避免参与者时刻将竞争对手作为活动中的参照物，导致自己过分在意竞争，使学习成果异化。

第五，构建轻松愉悦的活动情境。众所周知，人处于安全、放松的环境中，往往最容易流露出自己的真实想法和情感。在现实生活中，人们往往会受到学校、家庭以及社会等因素的制约和影响，而且不同的环境中往往又存在特有的评价标准。在这样的生活氛围中，个体的内心感受和自我人格往往得不到应有的理解和尊重，这也是体验式培训和体验式活动在当今社会被认可的主要原因。体验式培训往往不预设“正确答案”和“学习标准”，在教学过程中重视个体的内心需要和价值观，满足了人们渴望被倾听、被理解的内心诉求。

（三）引导反思

引导反思是指帮助参与者将活动中获取的经验转化为学习成果的过程。引导员在这一过程中的主要任务是引导参与者将注意力由结果转移至过程。引导员要帮助每一位参与者克服其潜意识中的抗拒、冲突意识，并引导他们积极地提出问题、分享感受。引导员在鼓励参与者积极参与和分享时，应该为其设立一个讨论焦点，使讨论主要围绕他们在活动中获得的经验或方法展开，避免讨论沦为一种简单的形式。因此，学习者反思与分享的焦点应是自己内心的真实想法，这样不仅可以强化自己所获得的经验，也可以在引导员的帮助下将这些经验运用到实际生活中。

活动后的反思—讨论环节是体验式活动实现教育意义、促进参与者积极改变的主要手段。一般来讲，反思—讨论环节主要包括以下三个阶段，每个阶段之间并非独立的，而是一个环环相扣、层层递进、从具体到抽象的学习过程。

第一阶段：观察与反思阶段

第一阶段的主要目的是引导团队成员对活动现象或感觉进行回忆，并通过语言对具体现象或事物进行描述。

第二阶段：联结

第二阶段的着眼点是将活动中的某些感觉或观察到的现象与生活进行联系，让团队成员思考生活中是否也发生过类似的情况，是否有过类似的感受。

第三阶段：转化与运用

最后一个阶段的目的是对活动中的感受或观察到的事物在联结至生活现实的情况下进行梳理和归纳，即将活动中的经验引入生活中，进而使活动中的经验运用至真实情境中。

通过一系列反思—讨论过程，团队中的成员会逐渐从排斥的状态转变为主动思考、主动讨论的状态，也会更善于联系生活实际，做一些更重要的决定。所以，体验式活动的反思讨论环节是其产生教育效果的重要阶段。

知识链接四：引导反思三个阶段的具体体现

第一，观察与反思阶段。活动告一段落后，引导员邀请学习者一起学习和回顾活动的过程：“第一到第三回合，发生了什么事？我们做了什么，才能让我们有这样的成绩？大家还发现了什么？有没有人可以帮我们说明一下，每个回合的策略和方法又是什么？”这些开放性的引导问题，带领参与者对之前发生的活动细节进行反思与观察。以前述活动为例，学习者回忆刚才的场景，会发现虽然大家知道要分享，但唯有他们开始改变行为方式时，才会有更好的成绩；而且学习者会感觉到前几个回合就是竞争，不像一个团队，一直到最后大家改变行为为止。

这个阶段是学习者开始对自己在活动中的情绪、认知和行为的表现进行觉察的第一步。引导员必须耐心地观察活动的过程，以及仔细倾听他们在这个阶段对活动经验的反思，借以引导学习者进入下一个阶段。

第二，联结阶段。在此阶段，引导员会关注：“最后的结果怎么会这样？这是什么意思？刚才发生的事在生活或工作中会不会发生？能举个例子吗？这代表什么？这些让大家想到了什么？”这样一步一步地引导大家逐渐进入第三个阶段，这时候不再单纯地关注活动经验，活动开始转变为协助学习者觉察的转化媒介。

第三，转化与运用阶段。这是最关键的转移阶段，学习者经过层层引导后，归纳形成一个概念，在这个阶段，他们可以尝试将这些概念、想法、行为运用到下一个活动中，或进一步实践到生活中。并不是每个话题或主题，只需学习者完成一个活动便会找到解决方法的。当他们对学习目标没有形成完整清晰的概念时，引导员在此阶段，不应过于着急把这些概念转移到实际生活中去，而是继续进入下一个活动，再一次借助体验学习圈——具体经验、观察反思、抽象概括以及实践应用这四个阶段，逐渐将概念转移到生活中去。

体验式培训是一个持续的学习过程，它不会瞬间有明显的效果，需要循序渐进、慢慢引导，最终才能够产生指导生活的影响力。

第三节　学习者的状态评估

体验式培训是一种以团队动力为基础的团队学习历程，而团队又是一个有思想与生命力的有机体。尽管通过活动与引导员的引导，团队内部的良性互动将推动团队不断发生改变，但由于团队特征千差万别，在与环境互动以及内部能量互动的过程中，往往很难使培训过程朝着预期的目标发展。引导员必须对团队在培训中的状态进行持续评估，并保证团队始终处于正确的轨道上，逐步向目标迈进。主题式冒险（PA）组织发展的一套学习者状态评估的工具，对于引导员来说，是十分有用且易于操作的。

该评估工具从七个维度对团队状态进行评估，它们分别是Goal（团队目标）、Readiness（准备程度）、Affect（情绪感受）、Behavior（行为表现）、Body（生理状况）、Stage（团队发展阶段）、Setting（环境），简称为GRABBSS。这个团队评估工具适用于体验式培训课程的引导员对学习者在课程前、课程期间的变化进行评估，并在此基础上有针对性地调整教学策略。

一、团队目标

体验式培训的目标包含整体培训目标、个人目标和团队目标三个维度。经常会出现体验式培训引导员与培训对象所在组织的相关负责人确定的学习目标、团队目标或个人目标不完全一致的情况。如何有效地通过活动设计与引导来兼顾整体培训目标、个人目标和团队目标对体验式培训引导员来说是一个非常大的挑战。例如，企业核心价值观是企业文化培训中主要的学习目标，站在高级管理人员或人力资源部门管理者的角度来说，让学习者通过体验式培训对企业价值观有充分的感知与认同，是他们迫切的期望。但是，由于培训的安排往往在企业内部具有强制性，对于被硬性要求来参加培训的学习者而言，他们对于培训目标有不同的诉求，如“能不能学到一些有用的技能”“培训内容与我目前的工作关联程度如何”“学习这些内容是否能够明显提高我的工作胜任度”“参加学习会不会额外占用我的休息时间”等，明显具有成人学习特点的特征。

当来自培训对象的不同诉求笼罩整个课堂时，如果体验式培训引导员只是扮演培训对象所在组织的一个“传话筒”或“打手”，只顾及“客户”的期待或受限于合同中约定的培训目标，而忽视了学习者最真切的需求，不难想象，这种冲突会造成客户、学员、引导员三者之间的不信任。这样的结果不仅会限制培训效果的呈现，甚至会使学习者留下“后遗症”。因此，整体性地把握培训目标，才能为学习者选择合适的学习内容。而要精确地设定目标，引导员必须围绕以下要素进行评估：

第一，除整体培训目标外，什么是团队目标以及学习者的个人目标？

第二，学习者是否对培训目标有充分的了解和正确的理解？

第三，学习者的个人目标是否与团队目标一致？

第四，学习者是否与管理层或人力资源管理者就培训目标达成共识？

二、准备程度

准备程度指的是课程参与者对下一个活动目标或挑战的准备情况。体验式培训课程的引导员在安排活动时必须循序渐进，要考虑活动参与者的能力与条件。可以从以下几点来评估参与者的准备程度：

第一，是否积极地面对活动与挑战？

第二，参与者对于活动目标是否了解？

第三，面对失败受挫的接受能力如何？有什么反应？

第四，团队的能力与技巧极限在哪里？

第五，是否发挥了所长、发挥了最大效用？

第六，团队存在的行动动机是否强烈？强烈到什么程度？

第七，是否每个人都参与其中？是否有人采取淡漠观望的态度？是什么原因使得他们产生这种态度？

三、情绪感受

情绪感受是指学习者在培训过程中，个人对于活动、人、环境等因素所流露出的感觉，或直接表现出来的情绪，它反映了团队当下整体的氛围和状态。引导员可以从以下几个角度来了解学习者的情绪感受：

第一，学习者对活动是否感到有趣？是否感觉愉快？

第二，学习者之间的氛围如何？

第三，学习者之间对于不同观点的交流是否能够保持开放的态度？

第四，学习者之间互相关心与支持信赖的程度如何？

第五，学习者之间是否愿意相互支持和合作？

第六，学习者之间是否相互接纳与尊重？

四、行为表现

行为表现不仅是指学习者个人的行为表现，更包含了团队成员彼此间的行为表现。当引导员需要了解团队与学习者的行为表现与认知程度是否一致时，可以从以下几个方面着手：

第一，团队整体表现如何？是有意见分歧，还是达成共识？

第二，团队是倾向于个人英雄式解决问题，还是团队合作共同解决问题？

第三，团队内部的互动是正向的，还是反向的？

第四，团队内部合作的程度如何？

第五，团队面对挫折时的表现怎么样？

第六，团队是否具有冒险精神？

第七，团队成员间是否互相尊重并能分享观点？

五、生理状况

生理状况的良好适应是体验式培训顺利进行的基本前提。在任何活动开始前，引导员必须仔细评估学习者的身心状况，以身心安全为原则。同时，在课程实施过程中，引导员必须根据学习者的生理状况来调整活动内容与介入的程度，始终保证学习者以最好的生理状态投入培训。引导员可以从以下几方面了解学习者的生理状况：

第一，团队是否面临某方面的压力？

第二，学习者疲累程度如何？是否需要休息？

第三，学习者精神状态如何，是否影响培训的专注度？

第四，内外环境是否让人舒服？

六、团队发展阶段

团队发展阶段指的是塔克曼所提出的团队发展阶段模型。随着进入团队不同的发展阶段，引导员从初次接触学习者的集权式的领导方式，到逐步放权，调整介入团队的程度和控制力，直至最后团队发展到绩效期时的完全授权。引导员可以依据以下团队发展中的典型特征来判断团队发展的程度：

第一，团队凝聚力如何？

第二，团队成员的阶段性成长表现在哪里？

第三，团队行为与个人行为表现是否一致？

第四，团队目前处于哪个阶段，是形成期、风暴期、规范期，还是绩效期？

七、环境

环境是指体验式培训课程所涉及的教学场地、设施、相关人员及氛围等资源。这些因素会对团队互动与学习状态有着较大的影响。引导员需在培训准备阶段或培训实施期间关注以下细节：

第一，周边环境可能会给团队带来哪些影响？

第二，是否有足够的空间满足教学的安排？如空间大小、舒适程度、设施状况等。

第三，环境能否让人感觉安全舒适？

第四，是否受外界其他因素干扰？如老板、管理者、游客等。

第五，如果在户外进行，是否有针对天气突发情况的备选方案？

第六，学习者是否有不同文化、国籍、信仰等背景？

体验式活动引导反思技术

第一节　引导反思的意义

引导反思是一个过程，即利用活动体验，促进学习者的学习与成长。其过程包括反省体验、分析体验、沟通体验、框架体验以及为体验赋予意义。为什么需要引导学习者进行反思？最简单的回答就是，使学习者能够清楚活动的意义。体验式培训中有些活动能够让70%的学习者了解课程的意义，而引导反思则能够帮助剩下的30%的学习者。此外，有些活动的学习焦点对学习者能够产生寓意深远的影响，必须通过引导反思来迁移至真实的生活中才能产生持续影响。引导反思是区分体验式培训与一般休闲娱乐活动的本质。随着体验式培训的多元应用，引导反思技术对于学习的重要性日益凸显。

一、反思在学习中的作用

总体来讲，体验式活动最核心的两个组成要素是活动本身和引导反思环节，而引导反思具体是指引导员帮助参与者在活动中进行思考、分析、整理思路的过程。包括杜威、勒温在内的许多学者都强调，在学习的过程中，体验与反思必须相互融合。尽管他们都秉持“没有反思的学习，就不是学习”的理念，但对于“反思”一词该如何定义则众说纷纭。

杜威将反思定义为，任何一种主动、持续与审慎思考的信念，或是具有支持基础且能够延伸出结论的一种假定知识形态。

鲍德与基奥则将反思视为一种认知活动，认为反思是人们得以将他们的体验再次呈现、思考，而后给予评价的过程。

哈佩德与拉德罗夫提出，反思所必备的能力包括自我意识、分析、评价体验所带来的意义，并根据反思的结果来规划下一步的行动。

勒克纳和纳德勒认为，反思是一个经过组织的活动，能够促使人们处理所获得的经验，并以计划思考、描述、分析等方式，与自身的经验形成联结。

休格曼、多尔蒂、加维和加斯等学者也提出了相似的观点，认为反思是一种认知活动，使人们能够重新检视自己的经验，不是简单地回想，而是更深刻地去思考经验，进而能够评估其对自己产生的意义。

奥尔德斯·赫胥黎认为，体验并非仅指发生在人们身上的经验，而是强调当体验在人们身上发生时，人们所产生的反应。此外，在反思对经验产生意义过程的重要性方面，博伊德与费尔斯提出，反思是通过个人过去或现在的经验来创造意义的过程。在体验、反思、产生意义及学习之间有着相当重要的联结，反思可以从体验当中获取意义，反思也成为学习过程中最基本的环节。

虽然就“反思”来讲，不同的学者存在不同的理解，但总结以上观点可以发现，体验式活动的反思阶段是引导员引导参与者将活动过程中的感性经历与自身理性认知融合的过程，是为了升华体验式活动的最终意义而有计划展开的行为。总结各大学者的观点，我们可以将反思的过程总结为以下几个连续的步骤：一是重新组织个体对自我的认知；二是建立新的经验与旧的经验之间的联系；三是使自我认知与经验总结对未来行为产生影响。这种通过体验而产生意义的过程，是整个反思活动中最具意义的重要环节，但也是常常被人们忽视的一个环节。

二、引导反思的基础

（一）用讨论协助反思

引导员的引导是体验式活动参与者有效开展讨论活动的重要前提。如果参与者只是受到一些体验所带来的感性思维上的影响，忽略了这些活动经验背后的理性意义，那么这些活动就很难真正改变参与者。因此，在体验式活动中，我们需要借用一些外部手段让互动经验产生可被具体化的意义。而参与者在活动尾声时经引导员的引导后展开讨论，就是帮助他们将活动经验转化为具体意义的重要手段。

引导员在引导参与者进行反思时，经常会出现一些非正式的活动经验讨论。在引导员帮助参与者总结活动蕴含的经验内容之后，参与者需要进行更加深入的思考，明确自己通过这些经验可以获得哪些理性思考心得，进而影响其将来的行为计划，改变他们的现实生活。而在整个团队进行整体反思时，引导员可以将讨论作为团队产生共识的重要工具，还可以将其当作观察团队整体情况的手段之一。通过团队讨论，成员之间自然会相互分享一些感受及行动策略，这样团队成员在完成反思活动的同时也会与团队中的其他个体变得更为亲密，进而促进团队合作效率的提升。

在体验式活动开始之前，引导员应明确告知学习者活动结束之后会进行反思—讨论的环节，而此环节的讨论重点会在活动过程中产生。这样一来，参与者在活动过程中就会更加专注于感受整个体验过程，也就能够获得更多的感受。另外，如果参与者在反思—讨论环节开始之前就对话题有一定的预知，那么他们在讨论过程中就会表现出更好的集体性和积极性，进而提高其参与程度。

（二）形成效率圈

在反思—讨论环节，一个安全、平等、温馨的讨论氛围是参与者积极参与该环节的重要前提，而营造这种气氛的最好方法就是让所有人围坐或站成一个圆圈。这种组织形式可以让参与者清晰地听见彼此的声音，自然地进行眼神接触，引导员也可以更加方便地运用提问、倾听、回应及观察等行动引导整个反思—讨论环节。引导员应注意让每个参与者都有参与讨论的机会，并遵循以下组织原则：

第一，为整个团队提出开放性的问题，每次只允许一个人发言。

第二，允许每个人拥有发言的选择权，如果谁没有准备好，可以选择延后回答或拒绝回答。

第三，建立保密限制，帮助团队成员澄清哪些话题是团队内部隐私，而不向团队外部公开。

第四，在提出可能会威胁到部分成员的问题前，先以正向的问题开始，并在讨论中平衡正面与负面的问题。

第五，清楚、简单地对所有人提问，并让大家以相同的方式回答，保证所有人都能够听清发言的内容。

第六，提供多次暂停的机会，让学习者有足够的时间来倾听、思考与回应。

第七，聆听学习者的发言，帮助其归纳，并争取学习者的回应以确认内容正确与否。协助其他人了解发言者，并帮助发言者澄清他的真实意思。

第八，对学习者的发言与回应均给予口头感谢或用肢体语言（点头、微笑等）来表达谢意。

除了上述原则之外，阿吉里斯、沙因、施瓦兹等学者也针对如何提升讨论的有效性提出了相关建议。面对团队状态的不同与教学情境的差异，引导员还需要考虑其他因素。

知识链接一：10项成功组织讨论的准则

第一，认真看待讨论，安排充足的讨论时间。

第二，为每次参与学习经验的讨论提供等量的时间。

第三，经常进行讨论，在每次获得学习经验后立即讨论。

第四，在获得经验附近的地点进行讨论。

第五，针对时间较长的学习过程，在一整天内需定期进行讨论。

第六，在获得经验的地点进行讨论，学习者才会真实地讲述他们的经验。

第七，选择特定的讨论地点，学习者才不会分心。

第八，鼓励学习者以轻松的姿势、生动的脸部表情及言语表达自己的想法。

第九，注意寻找学习者的故事，并将这些加入讨论中。

第十，在适当时机，以相似的动作或文字来强化学习者的肢体语言或口语。

知识链接二：讨论中必须避免的9种行为

第一，不使用建议性的语言回应，而是让学习者用自己的语言，这样才更有价值。

第二，不打断学习者的话或想法，而是支持他们进行尝试，这样他们会在这个过程中学到更多。

第三，不给予答案，而是以提问的方式引导学习者自己找到正确答案。

第四，不接受只有一个正确的答案，而是寻找有多样性、多重性及深度的答案。

第五，不通过参与活动的成败比较学习者的高低不同，而是鼓励他们按照合理的标准进行自我评估。

第六，不判断学习者的好坏，而是带领团体自行评价活动的过程、结果，以此来加深他们对学习经验的巩固。

第七，不给予错误的意见反馈、虚假的赞赏或无根据的批评，而是根据建设性原则提出意见反馈。

第八，不假设最有益于学员的内容，迫使他们改变；而是带领他们做出自我判断、得出最佳决策与决定改变的程度。

第九，不是一味探索负面观点、错误、挫折、失败及其他缺点，而是探索偶发的正面观点、成功观点等层面。

（三）建立正向的学习氛围

引导员和参与者需要共同创设一个适合大家学习的团队氛围，这种氛围的特点是自由、民主、平等、信任、彼此尊重。参与者在这样一个极具安全感的环境中才能萌发出更多的想法，也更有表达真实感受的欲望。另外，相较于丛林一般的强力竞争环境，这样相对平缓的生活节奏也便于促进学习者心态的转变。

（四）有效倾听

有效倾听技巧是引导员进行引导反思的基础。在无法理解学习者真实感受的情况下，引导员很难有针对性地提出问题。以下为引导员有效倾听的技巧：

第一，保持与学习者的眼神接触。

第二，以口语或非口语的方式表达自己对学习者的关注。

第三，在学习者表达停顿期间，回应以静候，鼓励他们积极发言，切勿仓促发言以填补空当，要显示出足够的耐心。

第四，使用开放式提问方式鼓励学习者积极发言。

第五，在转述或论述学习者的意见时，展现出对他们想法的理解程度。

第六，展现出同理心，对隐藏于学习者语言背后的感觉做出回应。

第七，使用温柔的语调表达关怀，而非使用评判的口吻。

第八，着重于过程中所发生的事情，而不是结果。

第九，区分学习者视为无法改变及可改变的行为。

第十，不要改变主题或以是非判断的方式来回应。对学习者的言语只需要表示自己已经了解了学习者在说什么，并采用比较中立的用语来做出回应，而不是对此话题加上或好或坏的价值判断。

（五）提供适当的反馈

引导员要与学习者之间形成高效的沟通渠道，除了要学会倾听之外还必须在沟通过程中及时向参与者提供反馈。反馈是指团队成员之间依据共同观察的结果，通过语言或行动的方式向信息发出者做出回应。体验式活动中的反馈发生在学习者之间或学习者与引导员之间。引导员要想灵活应用反馈需要注意以下几点：

第一，描述性而非评估性。描述性的反馈代表基于事实的观察，而不是对学习者的行为评价。非评估反应的描述行为能够使学习者进行借鉴并改变，并减少他们在受到评价后的防御或抗拒行为。

第二，明确性而非概括性。概括性的意见反馈很难为学习者提供具有针对性的学习机会，并有可能造成沟通中的误解。

第三，积极正向的动机。反馈的目的是产生正向的改变，引导员通过引导反思来协助学习者获得正向思考与行为，而当提供反馈的动机变为判断或显示出个人的优越感时，这种反馈往往具有伤害性。

第四，指导性的改变。针对因超出学习者自身能力范围而导致的无能为力，引导员所提出的建设性意见往往会让他们产生挫败感。因此，对学习者的反馈应该聚焦于他们能改变的行为。

第五，主动寻求解惑而非强制。在学习者向引导员寻求反馈，而引导员非硬性灌输的情况下，反馈往往更具效果，并能产生更持久的影响。引导员也要主动询问学习者是否需要反馈，以及接受反馈的方式和环境（如时间、地点、方法、对象）。

第六，适时。在课程结束后立即提供反馈往往效果最好，并能够减少因停顿一段时间后再反馈带来的疑惑。

第七，确认反馈的内容。引导员在给予学习者反馈时必须向他们澄清所反馈的内容，以确保信息沟通双方对信息内容的一致性。引导员可以通过邀请学习者重复他们认为最重要的反馈内容，来确认他们了解的程度。

第八，丰富反馈视角。适当时可邀请其他学习者强化反馈的效果，进一步让学习者了解反馈的意义及其他诠释的内容。对反馈加入更加多元的视角可提升其丰富度和增强接受程度，但要确保不会产生负面效果。

三、引导学习者改变的原则

体验式培训引导员在引导个人、团队学习与改变之前，必须了解实现学习者在学习中改变的几个重要原则：

第一，无固定原则。没有永远都会成功的完美定律，因此要注意每一个培训对象（团队与个人）的独特性。在尝试预先设计的引导方法的基础上，积极应对可能出现的窘境，并做出积极的调整。

第二，评价很重要。引导员要尽可能了解每位学习者的详细情况。即使是在评估阶段收集的信息，也会因人而异，引导员必须注意这些变化。对于了解学习者的行为与协助他们产生改变来说，这是十分重要的。

第三，改变原因。通常来讲，人们会以自己的行为模式建立一系列系统的关系。人们要改变某一事件的事实结果，通常需要改变这件事的内因。例如，因工作状态不良导致绩效不佳，或者团队内部出现一些不和谐因素导致成员间沟通不畅。但现实中有些学习者所在的工作环境，并非只凭改变个体的工作态度就可以改变事件的结构，如企业因产品或服务被竞争激烈的市场所淘汰，这种情况并不是改变某个人的工作态度或提升某一团队的沟通状态就可以改变的。因此，引导员需要根据学习者最终需要改变的事件进行一些针对性引导。

第四，不一致。改变会打破现有的行为模式，不仅可能造成学习者现有行为与预期行为状态的不一致，还可能会带来学习者行为与组织中固有行为模式之间的冲突。为了让学习者适应这种不一致的状态，并持续保持改变，他们必须认同新行为，并尝试联结至他们的工作环境中。

第五，奖励。很少有人愿意主动改变自己，特别是以命令或强迫的方式会更加无效。当引导员要求学习者改变某种负面的行为时，学习者往往会期望用其他的行为取而代之。因此，如果想让学习者达到行为改变的合理化，引导员必须协助他们找到有益的替代方案。

第六，两难的困境。让学习者改变是一种道德上的决定，对人们来说往往是很难的。而当下的任何一种决定都是“有限理性”的结果，面对无法预期的未来，往往也会导致某些耐人寻味的困境。这就要求引导员在设计课程时必须考虑改变是否符合学习者目前的状态及未来所处的环境。

第七，内在改变的过程。为了拥有持久的影响力，学习者必须“拥有”改变的内容。学习者的内化过程顺利与否与引导员所提供的学习经验的影响程度有关。因此，引导员应选择与众不同、刺激、戏剧化、有挑战性、有意义及难忘的学习经验来加深对学习者的“刺激”深度。

第八，学习者拥有改变的关键。引导者无法改变学习者，是他们自己改变自己。自我教育无疑是学习者达到持久改变的最佳动力，引导员所能创造的学习经验只是协助他们更好地认清自我，他们必须选择并努力改变而让自己的生活变得更好。

通过引导员与学习者的合作来促使改变发生，是一件有益但并不容易的事。倘若这些原则不符合引导员的教学理念，请维持适度的弹性。没有任何原则适用于所有情况。切记，当学习者在学习改变时，引导员一定要与其共进退。

第二节　引导反思的组织

学习者能够从体验式活动中得到一定的启示，将自己已有的经验与活动中获得的经验相关联，并最终将活动中所获得的心得应用于自己的生活领域。由于学习者之间的学习风格的差异，有些人在参与活动之前已经具备了一定的反思能力，他们可能已经了解了一些体验式活动的学习目标，也可以轻松地投入到反思活动中。但是，大部分学习者不具备自发反思的能力，也没有办法直接从体验式活动中领悟自己需要学习的心得。因此，引导员只有灵活地运用各种引导技巧，才能帮助学习者高效完成反思任务。引导员只有营造出良好的反思学习情境，才能使学习者尽快进入反思状态。创造良好的反思情境需要注意以下一些内容。

一、场地的安排

一个适宜的环境是进行引导反思的重要条件。引导员应为整个体验式活动团队选择一个安全、舒适的地点，以便开展引导反思活动。举例来讲，如果学习者最后需要使用以独处的形式写日记或心得这种反思方法，那么如果地点选择在嘈杂、人来人往的地方，就会使引导反思的效果大打折扣。因此，反思地点的选择应综合考虑学习者的身体情况和反思方法。另外，一些具有外在干扰因素或存在一定风险的地点也不能作为引导反思的场所，如靠近街道或闹市的房屋，紧靠峭壁、河滩、坑洞的户外营地都不适合进行反思。

另外，体验式活动学习者的自身状况必须与预设的培训目标相一致。引导员必须在活动中尽量注意每一位学习者的身体状况，具体来讲，可以采用让学习者聚集在一起组成方阵或圆圈、坐或站的方式。这样不仅可以保证团队中的每个成员都能参与到互动之中，还能够控制成员之间的交流状况和身体距离。

二、学习者的人身安全

具体来讲，学习者的人身安全可细分为身体上的安全和心理上的安全。

在身体安全方面，如果引导员无法有效控制活动场地的安全，学习者就可能受到外来因素的影响，导致其无法全心全意地投入团队活动。因此，为了确保学习者身体上的安全，引导员需要在体验式活动开始之前，明确告知学习者此次活动的指定区域和边界所在，提醒学习者尽量避开一些存在危险的地方。

在心理安全方面，引导员必须提前考虑学习者之间的背景文化差异及自身情绪差异，学习者的心理安全需要引导员和参与活动的其他成员共同维护。引导员必须和每一位学习者明确讨论活动的基本原则。例如，他人发言时自己不能够打断或进行人身攻击、不能强迫别人接受自己的观点、相互尊重等。在整个反思环节中，引导员要时刻扮演一个“模范”角色，引导学习者自己主动学习，保护每一位学习者的心理安全。

三、引导员的语言沟通

在引导反思环节中，引导员需要灵活运用声音及语言技巧。引导员应时刻注意自己与学习者的沟通方式和谈话技巧，如具体的语速、语调、音量以及语言节奏等。另外，引导员需要适应不同学习者的个人特点及文化背景，尽量采用不同的语言方式，尽量使学习者充分理解自己的话语，并确保言语中的积极因素以及做出正向引导。

四、引导员的非语言沟通

除语言沟通方式之外，引导员还会经常使用非语言交流方式与学习者进行互动，具体包括在团队互动时扮演合适的角色，根据不同的互动内容调整课程的风格、节奏等。因此，一个合格的引导员既应该时刻展现出自己的能力与自信，又要保持一种谦虚、亲切的处事态度，与学习者形成良好的互动。另外，对于一些非语言沟通艺术的巧运用，需要注意不同文化差异造成的不同解读，如谈话姿势、面部表情、眼神接触以及身体细微动作等。

五、学习需求的差异

反思活动适用于不同的情况与场合，其对于每一个体验式活动的学习者都是一种高效的学习工具。学习者恰当地进行反思可以促使自己完成一些积极的改变。但是，误用或滥用反思活动则会造成相反的结果。在体验式活动中，引导员在帮助学习者展开反思时，常常根据不同个体的教学目标、团队表现、个人需求等采取不同的引导风格与引导手段。因此，引导员在体验式活动进行过程中必须时刻注意每位团队成员的具体表现，做到心中有数。另外，引导员还需要注意反思活动所触及的学习者的心理深度。当反思活动所触及的心理深度与学习者的需求和既定目标相吻合时，学习者多会产生一些心理上的强烈共鸣，也就能够有效改变自身的心理情况和思想情况。但如果反思所触及的心理深度与既定目标不相符时，引导员则应及时干涉或中止反思活动，重新进行引导。

第三节　引导反思的技术

提高自己的引导反思技术是每一位体验式活动引导员的个人追求，但不同的引导技术之间就犹如语言学之中不同语种的语法一样，尽管我们知晓每种引导反思技术的“语言法则”，但在具体应用时还是会一筹莫展。只有经过大量的实践之后，引导员才能熟练地使用每一种引导反思方法。因此，对于引导员来讲，如何在活动中完善自己的引导反思技术则成为一个更大的挑战。

一、引导反思的时机

很多引导员都习惯于将反思环节放在体验式活动之后。但有时将引导反思环节置于活动前或活动中能够起到优化活动环节和聚焦学习经验的作用，也能取得很好的效果。以下是反思环节置于不同阶段的具体效果与形式。

（一）活动前的引导反思

在活动前进行的引导反思通常被称为“前置引导”，其目的是在活动开始前，为学习者预设学习目标或提醒学习者需要关注的学习焦点，活动前的引导反思通常着重强调以下一些问题：

第一，经验回忆。回忆过去活动中所学到的或曾承诺的表现或行为，如“谁可以告诉大家，上次活动我们总结出的成功经验有哪几条？”

第二，目标。阐明活动目标及如何利用活动中的经验，如“以下活动的目标是挑战团队的沟通能力，看看当前我们团队的沟通效果如何？”

第三，动机。提升参与动机，引发学习者将活动经验与生活进行联结，如“以团队目前的境况来推断，我们会在活动中遇到哪些困难？最后又会得到什么结果？”

第四，功能强化。在活动前通过强化那些可能会导致成功或失败的行为，进而让学习者对取得成功或避免失败的行为加深印象，如“在即将进行的活动中，我们应该如何避免之前所犯的错误？若要成功完成任务，我们需要在哪些方面加以改进？”

（二）活动中的引导反思

在活动进行过程中进行引导反思一般是为了处理活动中的突发事件或需要引导员及时介入来协助团队完成任务。活动中的引导反思通常以暂停的方式来进行，具体实例如下：

在问题解决活动（如蜘蛛网）中，团队因在前期讨论不足的情况下仓促行动，导致多次失败而产生挫败感和内部分歧。这时引导员可以介入活动，让团队暂停，并提出：“此刻的心情如何？”并让大家讨论：“我们要多做些什么，或少做些什么才能改变目前的局面？”

（三）活动后的引导反思

最常见的情况还是将引导反思环节放在体验式活动结束之后，这在大多数情况下也是最有效、最流畅的体验式活动安排。这样的引导反思安排可以帮助活动学习者将活动经验转变为个人能力，帮助其在团队中更好地发展自身。引导员应按照每一位学习者的既定目标、参与活动的类型和每个团队的发展情况等因素确定引导反思的方向、深度以及广度。

二、引导反思模式

目前比较流行的引导反思模式大多都是由库伯的体验学习圈演变而来的。这些模式的共同特点是依据体验学习圈的四个阶段来设计引导的流程与方向，并在每个阶段配合不同的提问。在此，主要介绍Terry Borton的“3W”三阶段引导法、Priest与Gass的“漏斗”引导模型及Roger Greenaway的动态反思“4F”扑克牌引导反思法。

（一）“3W”三阶段引导法

这里提出的“3W”三阶段引导法是当今最受欢迎的引导反思法，将反思过程分为三段：第一段为What，即观察反思，观察发生了什么；第二段为So What，即延伸思考，思考将会获得怎样的收获；第三段为Now What，实践应用，思考接下来应该怎么做。

1. What——观察反思

观察和反思的是问题，而观察和反思这些问题的作用是从中得到经验，进而从经验出发，使起点变得有意义。引导员要注意从生活中发现问题，探寻生活中有意义的经验和事件，探寻学习者是怎样观察的，在观察后有什么感受。这一阶段主要是以提问为主，描述问题时要以大家都关注和感兴趣的话题或某些细节为切入点，而不是将注意力放在是否完成任务上，这样就失去了观察反思的意义。引导员发问的形式和问题有很多种，下面介绍一些问句的参考句式：

（1）活动结束后，大家对刚才的活动过程和结果是否满意？请说出满意的原因。

（2）在刚才的活动中，有什么地方或哪一个细节给你留下深刻印象？

（3）在活动中，出现最多的概念或观点是什么？

（4）在活动中，大家是否积极沟通？对沟通的效果是否满意？

（5）在活动中，有没有学习者的意见没有被采纳？这会不会对我们造成影响？

（6）在活动中，最具挑战性的是哪方面？如何应对挑战？

（7）在活动中，是否有人扮演领导者的角色？他做了什么事情从而让人们认为他是领导者？

2. So What——延伸思考

延伸思考是引导反思的一个重要环节，目的是通过思考活动中的问题总结经验，并对思考具有一定的意义。引导员要利用适当的方法，将生活和经验联系起来，并用解释性的方式提问，以引导学习者对经验结果进行思考，帮助学习者体验到参加活动的乐趣和意义，引导他们学会自我观察和自我反省。引导员可以通过以下问句完成这一阶段的活动内容：

（1）在生活、工作和学习中大家是否碰到过这样的情况？如果有，能否具体说明？

（2）通过刚才对问题的讨论，大家认为一位领导者具备哪些条件和工作方法才能算是一位成功的领导者？

（3）在刚才的活动过程中，有哪些情况是我们团队在实际生活中遇到过的？能否举个例子？

（4）在活动中发生的一切情况，在实际生活中是否会发生？可以列举和自身相关的案例吗？

（5）活动过程中发生的哪些事件是值得我们深入反思的？这些经验给了我们哪些启示和教训？

3. Now What——实践应用

实践应用阶段重在强调行动取向，问题具有一定的针对性和导向性，给学习者提供一些成长过程中的机会。这一阶段的目的是将学习经验转为应用实践，促进理论与实际的连接，使学习者在生活中能够做到理论联系实际。学习者应对前一阶段学习的成果和经验进行总结，进一步与自己掌握的原有经验相结合，将精华部分内化为自己的，并考虑如何将这一经验应用在其他的类似情况中。引导员可以利用以下问句对学习者进行发问：

（1）通过刚才这一活动，大家对以后的活动或者是工作计划有哪些想法和建议？

（2）刚才这一活动中的哪些经验是可以直接运用到下一个活动中的？

（3）如果将刚才的活动重新来一遍或者在生活中遇到类似情况时，我们要做些什么才能让自己变得更加出色？

（4）如果生活中出现与刚才活动中类似的状况，大家最后的决定会是什么？

（5）如果刚才的活动不是假设的，而是实际生活中真实的状况，真的可以这样吗？会不会遇到什么困难和阻碍？

上述的“3W”三阶段引导法不仅仅是在这三个阶段内连续提问的过程，而且还具有引导反思的作用，引导员可以利用分析性提问和直观性提问轮流发问，创造节奏感。分析性提问的优点在于提问的过程能够体现出较强的逻辑性思维；缺点在于虽然有利于学习，但是容易使氛围变得紧张，导致学习效率不高。直观性提问的优点在于能够调动学习者对问题的想象，激发更多的创意和想法，使气氛变得轻松自如；缺点在于讨论没有重点，容易偏题。因此，引导员要根据情况来适当使用两种提问方式，充分发挥每种方式的优势，以达到最佳效果。分析性提问与直观性提问的区别见表4-3-1。

表4-3-1　分析性提问与直观性提问的区别

“3W”三阶段	分析性提问	直观性提问
What	发生了什么？ 谁最先发现？	用0～10中的一个数字来表达你此刻的情绪，分数越低表明你目前的情绪越低落。
So What	我们学到了什么？ 生活中可有类似情况？	每人各选取一张明信片，以表达你们在刚才活动中的收获和发现。
Now What	如何应用当下的经验？ 未来我们将如何改变？	试想象一下，在大家成功完成任务时，最先见到的是什么？最想采取什么行动？

（二）“漏斗”引导模型

“漏斗”引导模型是由Priest与Gass在1997年提出的，该模型提出7个连续、渐进的过程，使学习者在互动中感受到由抽象到具体、由一般到特别的变换过程。7个渐进过程分别为学习经验、回忆重要内容、回忆关键性事件、确认事件对团体与目标产生的影响、总结心得、将学习内容应用到日常生活中、承诺改变。

该模型以学习者为中心，根据经验学习的顺序排列，按照学习者的学习总目标来设计引导反思的方向和内容。通过聚焦学习活动中的经验成果，引导员要帮助学习者逐步建立目标并努力实现。

1. 学习经验

“漏斗”引导模型分为7个连续性阶段，其中每一个阶段都是上一个阶段的延续，只有将上一阶段中的议题梳理清楚，达成共识，才能进行下一阶段的内容。我们可以通过下面的例子进行说明（如果引导员贸然向前推进，有可能会出现学习者拒绝推进的情况）。

引导员：“大家想一想有哪些方法能够改善当前的沟通方式？”

学习者：“我们的沟通在正常范围内，不需要改善。”

引导员：“能说一说在哪一次沟通中出现了不愉快的经历吗？”

学习者：“每一次的沟通都非常愉快，情况良好。”

引导员：“记得很多人同时发言的情况吗？”

学习者：“没有多人同时发言这种情况出现。”

引导员：“有没有人在你说话或讲述自己的故事时做其他的事情，忽略你的讲话？”

学习者：“没有，大家都在听我讲话。”

引导员：“好吧，那应该是我弄错了，我们来聊一聊别的事情或者进行下一环节……”

如果出现上述这样的情况，引导员必须在提问的最开始就采取开放式的提问方法，在观察学习者态度和回答问题方式的基础上，逐渐将提问的范围缩小，直到聚焦到特定的提问上。在上述这一段例子中，学习者回答所表现出的抗拒、态度冷淡或者是不愿意谈论相关话题的态度，容易导致引导员和学习者之间不能进行有效沟通，无法继续讨论类似话题，最终引导员只能被迫转移话题。因此，在讨论某一特定话题时，必须遵循“漏斗”引导模型的原则，在上一阶段结束并且经过许可后才能进入下一阶段，如果双方对某一议题没有达成共识，则需要寻找另外的议题来替换之前的，不要强迫学习者对某一不感兴趣或不想提及的议题进行讨论。

2. 回顾重要内容

引导员要对学习者有简单的了解，如培训需求和讨论的议题，这样才能更好地对学习者的需求进行评估，才能更好地完成这项工作。因此，根据“漏斗”引导模型，进行第一个过滤阶段。第一个过滤阶段主要是确定问题的方向，引导员要从自己所有经验的议题中选择一个值得讨论并且能作为经典议题的问题来进行讨论。下面是回顾重要内容的典型案例。

案例一：

引导员：“可以尝试回想一下活动中最有趣的事情是哪些吗？”

学习者开始按照顺序说着故事，直到有学习者谈到和“沟通”有关的议题。

引导员：“其中涉及的沟通的故事听起来很有趣，可以具体讲一讲这一方面的故事吗？”

学习者继续讨论“沟通”，这代表着大家接受了这个主题。

案例二：

引导员：“大家回想一下，在完成上一个任务时，我们用了哪些技巧呢？”

学习者：“团队、合作、信任、沟通、和睦等。”

引导员：“沟通，听起来是一个比较有趣的技巧，能具体谈一谈沟通在活动中的重要性吗？”

学习者讨论它的价值，这代表着大家接受了“沟通”。

案例三：

引导员："大家可以和我一起做一件事吗？请大家伸出自己的右手，其中手指的数量代表团队的沟通程度，我们从零（拳头）开始到十指张开，大家要根据自身最真实的情感和感受来回答我的问题，开始。"

学习者伸出不同组合的手指或拳头……

引导员："通过刚才的互动，我们得出的结论是平均值大约为5，大家可以谈一谈看到这个数字后有什么想法吗？"

学习者说明他们的选择，这表明大家已开始接受"沟通"这个主题。

第一个过滤阶段的主要目的在于让学习者通过对议题的讨论能够进行有效沟通，只要学习者进入沟通这一项活动，就代表他们对这个议题感兴趣，并且相互达成了共识，这样引导员才能开展下一步的工作，即深入探讨这一议题的相关事件。

3. 回忆关键性事件

第二个过滤阶段的重点在于聚焦活动中所产生的与培训目标有关的议题。如果学习者没有在分享讨论时自发地提出，引导员必须通过引导与介入的方式来引出该议题；但如果遇到学习者反对、未察觉、抗拒、拒绝或态度冷淡，就表明他们不会同意引导员深入讨论所提出的议题。在要求他们回忆关键事件前，引导员要回顾正在讨论的主题。

引导员："既然今天我们谈到了'沟通'这个词，那么谁能来分享一下自己通过有效沟通获得成功的经历？"

学习者分享许多有效沟通的案例。

引导员："非常好，上述的有效沟通都很成功，那么有谁能分享一下自己沟通无效的案例呢？"

学习者："我记得有一次讨论，没有人想听我的想法……"

引导员："还有没有人有过同样的经历？"

学习者继续讨论很多无效沟通的案例。

引导者通过沟通，引导出反思的议题，这一方式有利于提醒学习者要讨论议题的范围，不至于偏题，这样才能进一步讨论与议题有关的内容。这样不仅能减少讨论活动的时间，也不必做与议题无关的工作，节省了时间和精力，进一步引导学习者专注于某一议题的反思和讨论。

在上面提到的例子中，引导员通过提问“还有没有人有过同样的经历”来确定学习者是否接受了这一议题，接受的学习者自然会想要讨论和表述自己的案例。如果大家都记得有过类似的事情，并且勇于站起来分享，就表示他们对这一议题已经达成了共识。只有这样，引导员才能继续下一阶段的工作。如果只有少数人参与这一议题的讨论，就要让这一少部分人引导另外一部分人踊跃参与，帮助他们回忆并且融入这一项讨论中。如果依旧未实现达成共识的目标，则需及时调整对该问题的讨论，而探寻更容易达成共识的议题。

4. 确认事件对团体与目标产生的影响

当学习者能够回忆起关键事件，引导员就可以开始启动第三个过滤阶段——找出该事件的结果，在前两个过滤阶段学习者讨论重点的基础上，探寻此重点的影响。

引导员：“今天大家都对议题进行了踊跃发言，但是却没有人讲述关于彼此之间聆听的例子，没有这一过程将对团队之间的任务或目标完成有什么影响吗？”

学习者：“我们今天分享的问题都是很难轻松解决的，至于那些未分享的都是我们能够轻松解决的问题，所以没有必要浪费时间和精力去分享。”

引导员：“有没有人同意或不同意上述这种观点？”

学习者讨论他们的同意程度，这代表大家达成继续进行的共识。

引导员：“大家试想一下，如果在团队活动中出现或遇见这种情况时应该怎么办？”

学习者：“出现这种情况时，我发现团队的意志力和激情逐渐减少甚至消失。”

引导员：“还有人注意过类似的情况吗？除了士气大落，还有别的情况吗？”

学习者分享他们的观察，检查继续进行下去的共识是否已经形成。

引导员：“当分享自己亲身经历的案例却没有人聆听时，你有什么感受？”

学习者：“我觉得很有挫败感，并且很失落。”

引导员：“还有人具有这种感受吗？也可以谈一谈其他的感受。”

学习者透露他们的情绪，因此代表他们达成继续进行的共识。

在这里我们需要注意的是，引导员在讨论之前，要对讨论的议题和目标进行认真的挑选，选择一个最适合学习者讨论的题目。在学习者确定了每一项的影响后，引导员要再三确认是否所有人或大多数人都接受这一议题，以便于顺利进入下一步。

5. 总结所学到的心得

引导员要注意学习者对以前发生过的事件的影响，以及他们在讲述这些事件时的心情和心得体会。

第四个过滤阶段要求学习者对学习经验或心得体会进行总结，引导员需再次确认之前过滤阶段的结果，并提出以下询问的内容。

引导员："关于沟通这个议题，有人分享过在他讲述时无人聆听的例子，请大家谈一谈这件事情对团队或者个人有哪些影响，并且从各位分享的案例中自己有哪些心得体会。"

学习者："我们需要一个调解人，在别人讲述时要提醒大家注意聆听，确保分享者能良好地表达自己的想法。"

引导员："其他学习者对这件事情的想法是什么呢？有没有不一样的想法？"

其他学习者讨论他们对调解人的看法。这代表大家达成共识。

引导员："各位学习者对已经学过的沟通内容有什么感想或者是心得体会？可以找几个有代表性的想法进行表达。"

学习者："从我们的人体器官进行分析，每个人都有两只耳朵一张嘴，意思就是告诉我们要多听少说。"

引导员："这个想法很有意思，但是这些事情对团体有什么影响吗？"

学习者分享他们对此的心得，这代表大家达成共识。

学习者在总结自己的心得体会时，经常会将自己的经历代入这一经验进行衡量和检验。因此，引导员的作用就是对这些人的想法进行有效评估，看他们对议题的接受程度如何，然后再进入下一个过滤阶段。

6. 将学习内容应用到日常生活中

在分享之后，引导员可以通过日常生活中的事情来检验学习者在议题讨论时所表达的想法是否与实际生活契合。

第五个过滤阶段要求学习者将学习内容运用于真实的工作中。引导员再次用这类问题进行强化。

引导员："每一位学习者都从其他人的发言中聆听了他人的想法，各位也都在倾听之后分享了自己的心得体会。现在我想了解一下，这些事情会出现在你们的工作或者生活中吗？”

学习者：“这种情况在生活中经常出现，我们开的员工会议就是最常见的例子。”

引导员：“可以谈一下最近一次的员工会议情况吗？”

学习者说明两者之间的平行情况，建立隐喻性结构。

引导员：“如何将讨论会上的经验应用到工作中？”

学习者：“我基本上不在会议上或者工作讨论组中表达自己的想法或对工作的新看法，因为我认为没有人会听，所以没必要表达。”

引导员：“可以告诉我这说明了什么吗？”

学习者用比喻性语言或隐喻性联结说明他们的生活。

学习者在这一阶段确认隐喻是比较重要的一个环节，因为这一环节中包含了能够进入最终阶段的目标。

7. 承诺改变

学好前面几个阶段的内容后，学习者就可以将经验迁移到工作中，就能够使用最后一个阶段进行过滤，即承诺改变。引导员可以将最终形成的共识性内容进行互相连接，要求学习者根据不同的情况采取行动。

引导员：“之前我们已经讨论过在其他人发言时无人聆听的情况，也分析了这种消极沟通方式带来的影响，也从各位的心得体会中得知了在生活和日常工作中的一些常见情况。那么，在这些情况下，大家会根据自身处理事情的方式采取怎样的措施？”

学习者1：“我们在讨论会或者是会议上需要一个调解人，改善无人倾听、无人响应的现象。”

引导员：“好，这个调解人怎么选出？谁要当调解人？可以主动站出来。”

学习者2：“我。”

引导员：“好的，这位学习者要当调解人，有没有人愿意协助他一起工作？”

学习者3：“在接下来的工作中，我会时刻提醒他，要做好辅助工作。”

引导员：“通过学习，如果各位重新回到自己的工作岗位上，会有什么改变吗？”

学习者1：“可以在下次开会时，提议选取一名调解员。”

引导员：“你可以用你自己的口吻再说一次吗？”

学习者2：“我会在接下来的工作中主动担任调解员这一角色。”

引导员：“其他人对这位学习者担任调解员有什么意见吗？”

学习者3：“我觉得他很适合这一角色。”

重复使用“漏斗”理论进行改变，并且不断确认改变的内容。如果交流多种学习经验，就要重复使用“漏斗”引导模型。例如：

引导员：“可以回忆一下有效沟通的例子有哪些吗？”

学习者1：“在我遇到过的有效沟通的例子中，加入调解人这种方法还是很有成效的。”

引导员：“那你还记得在什么情况下，调解人的作用最有效吗？”

学习者2：“我们在这里要确保大家分享全部想法。”

引导员：“这一事件对团体造成了什么影响或者是带来什么益处？”

学习者3：“我认为这一事件能够让大家按照同一个想法去解决问题，这样会使团体越来越团结。”

引导员：“可以分享一下你对调解员这一角色的心得体会吗？”

学习者1：“当进行小组合作时，调解人的作用就是保证事情顺利进行，并且取得一定的成效。”

引导员：“你会将这一方法应用在你的工作中并且普及给其他人吗？”

学习者2：“我们会在员工会议上选取一个合适的人来担任这一角色。”

引导员：“谁承诺要进行这个改变？”

学习者3：“我会，只要我能够得到大家的支持。”

（三）动态反思“4F”扑克牌引导反思法

Roger Greenaway针对引导反思提出了这样一个方法——“4F”扑克牌引导反思法，他将引导反思的过程分为五个阶段。

他将第一、第二阶段比作扑克牌中的两种花色——方块和红心，这两种花色都为红色，对应两个“F”，第一个“F”代表Fact（事实），第二个“F”代表Feeling（感觉或感受）。“方块”的英文为diamonds，也可以译为“钻石”，因此这可以将方块解释为事件本身的特性以及所得经验的珍贵性。我们都知道，钻石有很多的切面，这也意味着看待事情要从多个角度去分析，细心观察生活中的每一个细节给我们的体验。“红心”顾名思义，表明学习者在这一过程中内心产生的真实感受，关切这一感受并熟记于心，乐于与人分享对某一事件的过程以及经验，告诉其他人在遇到此类事件时应采取什么样的手段和方法进行有效处理。

第三、第四阶段是扑克牌中的另外两种花色——黑桃和梅花。这两种花色在扑克牌中均为黑色，对应另外两个“F”，分别为Finding（寻找或找到）和Future（未来）。“黑桃”（spade）的英文释义可以理解为铲子，并且扑克牌中的黑桃形状也类似一把铁铲，这可以隐喻理解为学习者要不停地挖掘知识中蕴含的宝藏，并将所获得的经验、分析、结论用于工作、学习和生活中。“梅花”的形状设计为有很多的花瓣，没有一个规则的形状，因此可以理解为对未来的不确定性，也预示着在今后的学习或者活动中将会产生很多种可能供我们选择，只有选择适合并且合适的方法才能取得成功。

第五阶段是扑克牌中的“王”，在扑克牌中，“王”不代表数字、字母，它是可以被赋予任意一种意义的牌。它的作用就是时刻提醒大家，不能将扑克牌反思引导法中的顺序颠倒，以免适得其反。

动态反思“4F”扑克牌引导反思法最大的优点就是能够与人们日常生活中经常用到的扑克牌相联系，并且将反思逻辑与扑克牌中的四种花色相对应。这样的方法有助于引起学习者的兴趣，并且方便学习者记住、理解引导反思的方法。特别是对扑克牌中“王”的使用，它起到了警醒提示的作用。

三、引导反思的常用手段

引导反思的手段有很多，大家比较熟悉的往往是一群人围坐成圆圈，在引导员的带领下讨论活动所发生的事件及接下来要做什么。尽管讨论（头脑风暴）是一种非常有效的引导反思手段，但体验式培训是开放、灵活的教学情境，引导员不能只会这一种手段，这就像建筑工人无法仅凭铁锤这种工具来盖房子一样——铁锤和讨论都很重要，却不是唯一的。接下来介绍一些简便实用、常用的引导反思手段，以丰富大家的引导反思技术。

（一）目标设定

引导员要在课程开始之前营造一种学习氛围，在团队的每一个成员之间建立彼此支持的契约，此契约的目的是使团队团结协作，通过努力完成个人目标和团队目标。另外，引导员要充当引路人、指导人的角色，帮助学习者确定想要达到的目标，以及引导他们如何去完成，最后还要培训他们如何将目标落实在实践中。因此，引导员可以帮助学习者找寻目标定位，确立目标，并依照目标制订个人计划，最后付诸实际行动。引导员可以问学习者如下问题，来引导学习者确定目标：

"你对此次活动有什么想说、想做的吗？"

"就自身来说，你认为本次活动取得成功的标准有哪些方面？"

"从你自身的角度出发，你认为本次活动中最难的一部分是什么？"

"在活动过程中，你希望所有人都赞成你吗？支持你的理由是什么？"

"在活动进行的过程中，有哪些人的经验和生活经历是你遇到过的？"

"关于后面的活动，你有什么期待？"

在做一件事情之前，要先设定一个目标，这是做事情之前的准备工作，并且这也是一个相当普及并且一直发展至今的方法。勒温曾在研究中强调，在班级中的小组学习和团队协作时，引导员要先教会学习者确立目标，并且要为目标制订一个切实可行的计划，促进新知识的形成。在体验式活动中，如果学习者有一个明确的目标，则能够有效激发他们探索新知识和新领域的兴趣，能够引起他们想要挑战的欲望。对学习者来说目标是非常重要的。

当学习者确立目标后，他们对自己所设立的目标承诺得越多，付出的努力也就越多，就越想要完成这一目标。此时目标就会趋于稳定，就算在学习中遇到困难和挫折，学习者也不会轻易更换或放弃。自信也是成功的关键之一。在体验式培训活动中，自信的学习者往往比信心不足的学习者有更多希望，他们对未来有着美好的憧憬，想要通过自己的努力实现自己的愿望，因此他们更有信心去做自己想要做好的事情。

知识链接一：SMART目标设定法则

Specific：具体、明确的。一次一个目标，循序渐进，从大处着眼，从小处着手。

Measurable：可量化、可衡量的。将需要实现目标的时间、程度、效率等加以量化后纳入目标设定的内容，能够及时地评估目标，并适时调整。

Achievable：可达成的。目标设定必须合理，要能有机会实现，并具备一定的挑战性。

Relevant：有相关性的。任何步骤与计划都与目标的最终达成直接相关。

Trackable：有连贯性的。实现目标的过程是延续性的，能持续地进步并接近目标。

（二）名句箴言

名句箴言都是经过无数人验证并且确定是正确的结论，一句经典且铿锵有力的箴言往往能在引导反思活动中起到很好的作用。在活动中可能会出现这样一种情况：引导员在倾听别人讲述的经历后，长篇大论地讲述自身的经验，以期望学习者能够按照自己的经验去处理，而学习者却沉默不语，只听引导员一人滔滔不绝地讲述。相反，如果引导员在这时能够用一句名人箴言代替长篇大论，也许会更有说服力，而且还会激发学习者探索新知识的欲望，让学习者之间进行思考和讨论，使培训效果事半功倍。

（三）写日记

日记能够记录我们一天的生活及情感体验，是十分有效的引导反思手段之一；写日记还可以帮助学习者整理学习内容和经验，加强记忆，强化效果。日记属于“我与我”对话的一种形式，在写日记时，学习者会不断、反复问自己一些问题，并自己给出答案，不需要外界给出判断和评价，只需要遵从自己的内心和想法，跟随自己的感觉做事，从而探索自己的内心。写日记能够帮助学习者记录自己的真情实感，记录自己的所见所得，是延伸思维和深入思考的手段。但是写日记也有一定的要求，首先要具备文字功底，写日记者要有一定的判断能力和认知能力；其次还要掌握一些写作技巧，虽然说写日记是个人的事情，但是一旦逻辑不清晰、思维混乱，日记也就失去了它本身存在的意义。

知识链接二：自由写作

在活动之前、之后或某个特定时间点，引导员可以要求学习者拿出日记簿，写下他们对于接下来所要进行的活动的目标、想法和感觉，或对之前所进行的活动的想法或感觉，或在某个时间点的想法和感觉。选择一个舒适的地点，邀请他们随意写。假如希望学习者将自己所写的内容与其他成员分享，必须一开始就交待清楚。这样他们就可以决定哪些是可以写出来与大家共同分享的，而非在受到“突然袭击”之后选择抗拒分享。

知识链接三：指定主题

另一个鼓励学习者写日记的方法是提供一些特定的问题请他们在日记中回答。同样，日记的内容既可以邀请大家进行分享，也可以允许不公开。指定主题有两个好处：首先是让学习者能够专注于引导员希望探讨的议题，其次是所有人都能够公平地参与。当团队里有学习者无法参与讨论，或语言表达有局限时，这种方法更有价值。以下的一些问题可以用来作为日记的主题：

“将身体安全托付给团队或某位团队成员，你认为会是一种怎样的感觉？”

“团队是如何做决定的？哪些环节可以做得更好呢？”

“我们可以做什么让团队解决问题的能力得到改善？”

“我们在执行任务时用的哪些沟通方式是有效的？”

“你希望从团队中得到什么？它们对你有什么意义？”

“你可以做些什么来改善自己在这次活动中的表现？”

“描述你希望成为什么样的人，列出一些你想拥有的人格特质。”

“你目前生活上面临的最大的三个挑战是什么？”

“请描述一下你和其他人拥有的良好关系，这些关系如何建立？”

“回忆一下团队中的哪一个人和你相处有困难，你和那个人有什么不同之处，又有哪些共同特点？”

（四）小组讨论

讨论有多种形式，除了日常生活中常见的团队讨论、个人讨论外，还包括小组讨论。小组讨论的人数没有团队讨论的人数多，一般3～5人分为一组，组内成员可以自由搭配或者组内全体人员交流、交换意见。小组讨论有一个优势，就是小组成员少，在讲述者分享时，其他成员都能认真倾听，同时在人员数量上也不会给讲述者带来压力，也不会出现观点不一的情况。

（五）填写问卷

问卷的作用就是让团队中的成员根据设定好的问题来选择自己的答案，这些问题都是依据学习的总目标来设定的。在问卷调查中，最容易用到引导反思的方法，因为在学习者选择答案之前，他们要考虑这个答案是否适合我，是否其他答案也适合我。因此，无论是在培训活动中还是在培训活动后，都可以采用填写问卷的方法来确定下一阶段学习的整体目标。在填写问卷上有一点是与写日记相似的，就是在发放问卷时，学习者会降低心理防范，因为问卷对他们没有什么利害关系，也没有所谓的正确答案或者是错误答案，问卷的最终结果只是反映个人的真实想法。如果要求学习者在稍后进行分享问卷，必须提前提醒。

知识链接四：问卷问题范例

“在活动过程中，最重要的三个感悟是什么？”

“在我们的生命中，真正帮助过我们的人是谁？他们是如何帮助的？”

“可以用来形容‘我’的三个词汇是什么？”

“在人生旅途中，你希望在工作上达成什么成就？你在生活中有什么重要的期望？”

“你如何看待目前所处的团队？哪些方面与众不同？”

“你如何让别人协助你实现目标？你如何帮助别人实现目标？”

体验式活动实例

第一节　学生体验式活动设计

惜　时

——小学二年级体验式班会活动设计

深圳市龙华区龙华中心小学　何美玲

【活动背景】

二年级下学期的学生在数学课中已经初步学习过有关时间的知识，对于一分钟、一小时有了一定的概念，但是学习习惯不稳定，不懂得抓紧时间，往往在不知不觉中让时间流走，对于因为自己浪费了时间所造成的后果也不会反省。所以为了让他们从小懂得时间是宝贵的，时间一去不复返，从自己的生活实际中体会“一寸光阴一寸金”，设计本次活动主题——惜时。

【活动目标】

（1）体会时间的流逝，加强对时间价值的认知。

（2）学会合理安排时间，提高效率。

（3）能自己制订计划，有方法、高效率地实现目标——惜时的意义。

【活动准备】

教师准备一系列图片（可贴在黑板上）、视频（关于二年级每月一次的速算比赛，快放）。

【活动过程】

环节一：感受时间

孩子们，你们觉得一分钟的时间长吗？那你们一分钟可以做什么事呢？再一次体验一下，一分钟能做多少个口算题？一分钟能写多少个字？一分钟能记下几个单词？一分钟能画几个笑脸？

（1）学生分享。

（2）出示相关调查数据，小结。

设计意图：通过活动，让学生切身感受一分钟的长短，使其对于时间有了现实的感知。这对于二年级的学生来说，是非常有必要的。

环节二：珍惜时间

1. 观看视频《十分钟做口算题》

（1）播放二年级每月一次的速算比赛视频（快放），让学生感受一下一名学生在10分钟内又快又准确地做口算的过程。

（2）请这名学生分享取得100分的奥秘——这名学生每天都会利用10～15分钟的零碎时间练习口算，因此才能取得如此优异的成绩。

（3）小结：时间是很宝贵的，时间也是不可逆的，希望大家能珍惜时间。大家都梦想着成功，但为什么有些人可以，有些人却做不到？也许是因为你在玩游戏的时候，别人正在努力学习。

2. 认识零碎时间

（1）谁能说出什么是零碎的时间？怎样利用好零碎时间？能举例吗？

（2）学生头脑风暴：课间记作业；坐公交车可以背两个单词；在学校等爸妈来接的时候可以在图书角做作业，等等。

（3）教师讲述《鲁迅先生珍惜时间》，并小结。

我国著名的文学家鲁迅先生说过："哪里有天才？我只是把别人喝咖啡的工夫都用在工作上了。"鲁迅先生成功的秘诀之一就是利用零碎的时间。

3. 有效地利用时间

（1）怎么样才能做到有效地利用时间呢？请同学解决一个问题：经过了一整天的忙碌，终于可以回家好好休息一下，喝杯茶，你们沏过茶吗？谁能帮助老师算一算沏茶最少需要多长时间？

（2）小组讨论最佳的方法。

（3）小组分享（在黑板上贴出顺序）。

方案A：洗水壶1分钟→接水1分钟→烧水8分钟→沏茶1分钟（洗茶杯2分钟，找茶叶1分钟）

1+1+8+1=11（分钟）

方案B：洗水壶1分钟→接水1分钟→烧水8分钟→沏茶1分钟（找茶叶1分钟，洗茶杯2分钟）

1+1+8+1=11（分钟）

方案C：洗水壶1分钟→接水1分钟→烧水8分钟→找茶叶1分钟→洗茶杯2分钟→沏茶1分钟

1+1+8+1+2+1=14（分钟）

（4）小结：同时做，省时间。

设计意图：这个环节主要是让学生在体验活动的过程中感受时间的珍贵，提醒学生珍惜分分秒秒。学生通过小组合作交流等方法探讨出在平时珍惜时间的方法，合理充分地利用时间，加强时间观念，提高做事效率。

环节三：做时间的“主人”

（1）根据自己的实际情况，以“珍惜时间”为主题制作一天的时间计划。（形式不限：思维导图、手抄报、表格等）

无论是谁，一天也都只有24小时。时间永远不等人，它总是无声无息地向前走。既然我们无法挽留时间，那就让我们充分地利用它，随时做好追逐它的准备，做一个幸福的时间管理者。

（2）活动课后拓展，组内、班级分享。

设计意图：这个环节通过布置任务的方式让学生着手计划自己的时间，培养珍惜时间的好习惯。

【活动反思】

本节课通过感受一分钟时间的长短、一分钟写字、一分钟背单词、一分钟做口算题等，让学生感受到一分钟到底能做多少事情，让学生有了时间观念和时间长短的意识。在制订珍惜时间的方法的过程中，学生纷纷表示，今后一定要珍惜时间，合理安排时间，养成良好的学习习惯。虽然这次班会课还有一些细节需要去强化和完善，但是学生在这节班会课中，通过体验式学习，懂得了时间的珍贵，学会了珍惜时间的方法。

书包瘦身大作战

——小学二年级体验式班会活动设计

深圳市龙华区丹堤实验学校　何文兵

【活动背景】

常常看到年龄很小的学生背着沉重的书包，小小的身体早早被沉重的学习负担压弯了腰。有些学生甚至用起了拉杆书包，上学如同出差，书包拖在地上，轮子“哐哐”响，且不提观感如何，每次上下楼梯，对学生的臂力都是个极大的考验。难道现在小学生的学业负担真的已经如此之重了吗？答案恐怕并非如此，深究原因，除了学校本身安排的课程以外，学生自己的收纳、整理能力很大程度上决定了他的书包重量。如何科学合理地利用书包空间，为书包“减负”，成了一项亟待解决的问题。解决这个问题既能减轻学生身体上的负担，纠正学生的身姿身形，也能培养学生善于整理、归类的习惯，提高学生学习的效率。针对这种现象，我与班会议题负责小组的学生商讨，共同设计出一个主题为“书包瘦身大作战”的班会活动。

【活动目标】

（1）了解书包超重的原因。

（2）能意识到书包超重的危害，并了解书包收纳、整理的重要意义。

（3）学会整理书包的方法，并能够初步科学有效地整理。

【活动准备】

学生分为以下五个小组：

（1）观察组。观察组利用上学和放学时间，观察学校门口书包超重的现象，并进行拍照和记录。

（2）调查组。调查组主要针对书包超重的同学进行询问调查，了解其书包超重的原因。

（3）分享组。分享组需要结合自身的情况，同时搜集相关资料，制作课件，向班级同学分享书包超重的危害，以及书包收纳、整理的重要意义。

（4）展示组。展示组需要向同学们具体展示如何科学、高效地完成书包的收纳、整理，提供方法指导。

（5）模拟组。模拟组通过模拟书包“瘦身”前后的两种不同情境，让同学们更直观地感受到书包“瘦身”的必要性。

【活动过程】

第一板块：分析“战争”形势

同学们，今天我们要打一场艰难的“战争”，这场“战争”的形势已经非常严峻，敌人就隐藏在我们之中，而且无处不在，随时可能复活。我们很多同学，在这场“战争”中被打败，成了“俘虏”，所以他每天上学、放学都只能够“低头”做人，抬不起头，挺不起腰杆（笑）。你们知道这是一场什么“战争”吗？

不错，这是一场我们和书包之间的“战争”，所以我们这次班会课的主题就叫“书包瘦身大作战”。下面，让我们有请观察组的同学，为我们分析一下“战争”的形势：

（1）观察组的学生上台，结合在校门口拍摄的书包超重的照片，向班级同学讲述我校学生书包超重的情况及具体分布在哪些年级。

（2）请几位小观众，谈一谈自己对“战争”严峻形势的感想。

（3）教师总结：形势严峻，不是书包“瘦身”，就是我们“低头”。

设计意图：单纯枯燥地讲解书包减负的意义，学生很难入脑、入心，为此我特地设计了符合二年级学生趣味的主题“书包瘦身大作战”，本次班会的环节设计也将紧紧围绕“作战”展开。

第二板块：明确“战争”敌人

同学们，我国有部军事奇书，叫《孙子兵法》。《孙子兵法》上有句话，叫“知己知彼，百战不殆”，意思是如果我们对敌我双方的情况都能了解透彻，打起仗来就可以立于不败之地。下面，我们有请调查组，向我们说明我们的“敌人”到底有哪些：

（1）调查组的学生上台，就之前调查询问的结果，向同学们展示哪些原因可能会导致书包超重。

（2）教师引导总结：根据调查组的展示，老师明白了一个道理，敌不在他而在我。导致书包超重的原因，只有很小一部分是学校的客观因素，如临时换课表、教辅资料太多，但最大的原因，还是同学们没有养成整理的习惯，不会及时“更新”自己的书包，这样书包自然会越来越重。

第三板块：了解“战争”意义

有的同学说：“书包重就重吧，反正多带总比少带好，我每天只有上学和放学才背书包，实在不行我弄个拉杆书包。”这样想，是因为不知道书包超重的危害，下面我们请分享组的同学，为我们说明书包超重的危害，以及书包收纳、整理的重要意义：

（1）分享组的学生上台，利用课件向同学们展示书包超重的危害，既有生理上的危害，如不利于脊椎、身高发育，容易导致驼背；也有学习上的危害，如不能及时找到上交的作业本，容易丢三落四，等等。同时向同学们讲述做好书包收纳、整理的重要意义。

（2）教师总结：不整理，伤身误学；勤整理，健身促学。

第四板块：展示“战争”打法

说一千，道一万，咱们不能纸上谈兵，这场“战争”具体怎么打，我们请展示组的同学，为我们展示如何科学高效地整理书包：

（1）展示组的学生带着自己的书包上讲台，向同学们展示自己是如何收纳、整理、归类的。

（2）请台下的观众及时提问，解决疑惑。

（3）展示组的成员下到各小组，亲自帮同学们整理书包，进行归类。

（4）教师总结：我听了展示组同学介绍的方法，受益匪浅。我总结了一个口诀：一记二分三查。一记，记自己第二天要上交的作业和需要携带的课本，目标明确才不至于遗漏；二分，大书和大书分在一起，小书和小书分在一起，试卷和试卷分在一起，这样书包才能整齐又干净，便于随时取放；三查，上学之前查一查，放学之前查一查，睡觉之前查一查，养成习惯，及时更新书包内容。

第五板块：模拟“战争”效果

同学们，现在我们已经了解了我们的“敌人”，也知道了这场“战争”的意义和打法，我知道你们已经跃跃欲试，迫不及待要打赢这场“书包瘦身大作战”了。不过在此之前，我们模拟组的同学，为我们带来了一场“实战演练”，让我们一起看一看，他们会为我们模拟一场怎样的“战争”成果。

（1）模拟组的学生上台，通过轻松幽默的表演，模拟一个总是丢三落四、不爱整理书包的同学，最后影响了学习，还差点成了驼背。后来在“书包瘦身大作战”的号召下，这名同学加入了这场“战争”，从此认真整理书包，提高了学习效率，重新挺起了腰杆，翻身做了主人。

（2）请观众们分享自己的观看感受和想法。

（3）教师总结：同学们，书包“瘦身”，刻不容缓，但这又是一场“持久战”。只要大家齐心协力，不放松，不让偷懒、散漫这些小毛病找上门，我们就一定能打好这场“书包减负大作战”，同学们有没有信心？（学生们回答“有”）

今天就成立“战争指挥部”，任命书包整理得好的同学为指挥员。从明天起，开始检查同学们的“战争”成果，期待同学们能打一个漂亮的“书包瘦身大作战”！

设计意图：教师在这其中所做的工作，不过是提前分配好任务，在班会课上穿针引线，做好一个引导者的角色，真正参与的主角应该是学生。

【活动延伸】

本月进行书包“瘦身”比赛，评选最佳小组。

【活动反思】

让班会课活动不局限于教师一个人的枯燥说理，而是兼具趣味性和参与性，真正让学生入脑、入心，是我这节班会课设计的初衷。为此，我特意设计了有趣的班会主题，并围绕主题设计了五个有趣的板块，同时安排班级学生分成不同小组，分别负责不同板块的内容，提前做好大量的准备工作，这样才能在一节40分钟的课堂上展示一些丰富、有趣、生动的内容。当然也有遗憾，如学生虽然参与其中，但大多是按部就班地完成老师分配的任务，属于“规定动作”。如果学生能自己找到问题，主动寻找解决问题的办法，打开思路，不局限于老师的任务设计，那么这节班会课会更加精彩且富有创意。

（指导老师：深圳市李志华名班主任工作室成员　周　君）

助人快乐，快乐助人

——小学二年级体验式班会活动设计

深圳市龙华区第三实验学校 蔡嘉丽

【活动背景】

小学二年级下学期的学生处于儿童成长的关键期，大脑发育正处于内部结构和功能完善的时期，学生的心理和生理都有明显的变化，尤其是思维水平显现出向自我中心化的发展，因此，这是培养学生各项行为习惯、个性品质、人际交往的最佳时期。学生自我意识逐渐发展，逐渐学会用道德原则作为评价标准，评价能力开始发展，往往能提出自己的见解，但不善于全面地评价一个人的行为表现。

【活动目标】

（1）了解到生活中很多地方都可以凭借自己的努力为他人提供帮助，激发助人的主动性。

（2）掌握快乐助人的方法与技巧。

（3）感受到快乐助人的积极内心体验，树立积极的助人价值观。运用思考、理解能力，在助人的过程中增加积极的内心体验。

【活动准备】

学生准备情景剧《聪聪的一天》。

【活动过程】

一、破冰活动

1. 默契大考验

老师说一个词，同学们说出它对应的“暗号”：

小嘴巴→不说话；小眼睛→看老师；小耳朵→认真听；掌声→响起来。

引出课堂约定。

2. 一起开启寻宝之旅

集齐课堂的三把钥匙开启宝箱。

设计意图：通过游戏互动活跃课堂氛围，集体形成默契，制定班级课堂约定。激发学生融入集体、设定课堂目标、共同战胜困难的决心。

二、情境导入

1. 聪聪的一天

演绎情境：聪聪来到班级后，发现自己没有带笔，他的着急和担心引来同学们主动、热情的帮助。

2. 请问你感受如何？（……，因为……）

引出主题：助人快乐。

设计意图：创设课堂教学情境，激发学生生活记忆与感受，引导学生融入课堂。

三、快乐活动

1. 主题活动：一起发现身边的助人为乐

（1）请问我们身边也有这种助人为乐的事例吗？除了同学之间，还有吗？

（2）学生分享。

（3）小结：我们看到很多同学都在生活中积极地帮助别人，自己收获了快乐。在教室、家里、社区、马路上，我们总能看到这种助人为乐的场面，所以我们说助人为乐是无处不在的。（呈现第一把"钥匙"）

设计意图：生活并不缺少美，而是缺少发现美的眼睛。鼓励学生们通过交流拓展思维，启发学生思考生活中助人为乐的事例，唤醒学生潜藏在心底的巨大勇气和力量，鼓舞他们去发现帮助、提供帮助。

2. 主题活动：辰辰感受到"无处不在"的助人快乐了吗?

（1）辰辰同学听了大家的话，决定要去助人为乐！我们来看看他和大家之间发生了什么事情。（出示视频）为什么大家都不开心呢?

（2）学生分享。

（3）小结：助人学问多：助人前，先看看；助人前，先想想；助人前，先问问。要根据需要去助人。（呈现第二把"钥匙"）

设计意图：引导学生在情景剧中去感受、思考，觉察他人情绪情感是人际交往中的一门学问，急人所急、帮人所需才是帮助的核心。

3. 主题活动：我会选择

（1）根据你想选择的人物做法，表达自己的选择倾向。（用红色或者绿色

来表示）

场景一：今天，小刚忘了带铅笔，当他和身边的同学借笔的时候……

小芳："对不起，我不能借。"→"因为我今天只带了一支笔。"

小磊："来吧，我借给你。"→"我这里有5支笔。"

场景二：学校老师组织自愿为山区的孩子捐款，第二天……

小丽捐了5元。→小丽每个月的零花钱只有5元。

小明捐了20元。→小明每个月的零花钱有100元。

从两个案例中，你发现了什么？

（2）学生分享。

（3）小结：帮助人，应该是根据自己的实际情况来决定的，如果可以帮，我们就帮，不能帮也没关系，说清楚就好了。助人，要量力而行。（呈现第三把"钥匙"）

设计意图：帮助他人有时候也需要结合自己的实际情况，根据帮助的人群、内容，结合自己的能力情况适当地提供帮助，量力而行，这是助人学问里面的重点。

四、活动总结分享：三把"钥匙"集齐了

（1）我们这节课的三把"钥匙"集齐了吗？你觉得这三把"钥匙"能够开启哪三把锁呢？

（2）学生分享。

（3）小结：我们说助人应该是快乐的，如何做到快乐地去助人呢？我们有三把"钥匙"：无处不在、根据需要、量力而行。希望同学们能够带上它们去更快乐地助人。

五、启发拓展：快乐助人，助人快乐

老师：我们在刚才就发现了，身边的助人为乐的事是无处不在的，现在需要发挥你的聪明才智思考一下，接下来你打算做哪些助人的事儿呢？请你在"快乐助人卡"上写下来吧！别忘了带上我们的三把"钥匙"。

设计意图：深化对"助人快乐，快乐助人"的认识，让助人快乐这种积极的精神给学生带去更多自信和勇气，也帮助学生认识到在助人的过程中运用三把"钥匙"可以帮助自己更加快乐地助人，以更阳光的心态去应对生活中的人际关系，迎接更多的挑战。

【活动延伸】

希望你们能在这样的助人中收获更多的快乐，快乐成长。利用接下来的一周时间，完成“快乐助人卡”上至少一项“助人”活动，加油！

【活动反思】

我们总是对学生说“赠人玫瑰，手有余香”，如何让学生在课堂中强化“余香”的力量，这次主题班会对教师来说是一次挑战。如何设置贴合学生生活的情境主题？如何让学生将课堂所学用到生活中？如何构建学生的积极情绪与认识，激发学生潜在的力量，让学生自发、愉悦地为他人提供帮助？这都是挑战。这次活动，以学生的成长需求为理念是活动的主旋律，从发现问题到深入学生群体做调查，从平行教育到情感共鸣，不断引领学生树立正确的价值取向。贴合学生实际，实施相关主题教育，伴随着学生走向更加美好的明天，一直在路上！

你和我，从心交往

——小学二年级体验式班会活动设计

深圳市龙华区龙腾学校　周　君

【活动背景】

二年级的学生与同伴的友谊进入了双向帮助的阶段，他们对友谊的认识有了提高，但还具有明显的功利性特点。在学校生活中学生容易因压力、冲突、约束、遭受指责等产生负面情绪，同伴之间常常因为一些小事争得面红耳赤、互相指责，有时还会出现动手打人的现象，从而受到他人的排斥，造成人际关系紧张的局面。为了让学生认识到人与人交往的重要性和必要性，学会与身边的人和谐相处，班级决定召开“你和我，从心交往”主题班会。

【活动目标】

（1）认识到人际交往的重要性和必要性。

（2）掌握基本的交往技巧，发展人际交往的能力。

（3）树立尊重他人的品质，促进心理健康和人格健全。

【活动准备】

（1）正方形纸、剪刀、画笔。

（2）蒙眼布6条，小玩偶6个，篮筐1个。

【活动过程】

破冰活动：我们做的是同一件事吗？

设计意图：通过活动让学生感受到在同样的指令下，每个人做自己认为相同的事，却会得到不同的结果，让学生意识到人与人之间认知的不同，也体会到沟通的重要性。

一、游戏体验，认识人与人理解事物的差异

（一）剪纸游戏

1. 游戏规则

游戏开始以后，所有同学不能与身边的人说话，也不能向老师提问。请同学们拿起正方形的纸，跟着老师的指令独立完成剪纸。

2. 指令

把手中的纸对半折；再把纸进行左右对折；拿起剪刀，在折好的纸的左上角剪出一个三角形；再把纸上下对折，在右上角剪出一个扇形。

现在请同学们把纸展开，看看你和周围的同学剪出来的是相同的图形吗？

3. 讨论分享

学生展示自己剪出来的图形，会发现图形各式各样。请大家讨论：为什么相同的剪纸要求，却得到不同的结果呢？

结论：因为每个人对老师所说的话理解不同，结果就不同。而且没有交流，就没办法在剪纸的过程中知道自己与别人的不同。

4. 小结

一个小小的游戏会因为理解不同和无法交流，出现这么多不一样的结果，那么人与人之间如果没有好好交流，在相同的事情上也会出现不同的做法。所以如果别人和你想的不一样、做的不一样，是可以理解的。我们在和别人交往时要给别人正确理解自己意思的时间和机会。

（二）剪纸游戏

这次可以向老师提问，也可以和别人交流。

根据相同的指令剪纸，在与老师和同学的交流中完成任务，再次展示剪纸，发现大家剪出来的图形基本是一样的。

设计意图：第二次游戏时可以充分交流、双向沟通，确保了理解的正确性。

二、活动体验，探寻交往的基本原则

活动一：蒙眼探寻游戏

1. 游戏规则

两人为一组，其中一人蒙着眼睛，另一位同学搀扶着蒙眼的同学穿越重重障碍，拿到小玩偶再安全回到终点，把玩偶放进准备好的篮筐里。然后两人互换，完成相同的任务。

2. 思考分享

（1）你在蒙眼的时候会因为害怕而不敢往前走吗？

（2）你的同伴在游戏过程中是不是给了你帮助和引导？

（3）如果再玩一次，两个人是不是会配合得更好？

3. 教师小结

刚才的游戏让我们感受到：一些任务需要两个人合作完成时，我们要充分信任我们的伙伴，还要给对方足够的支持，如果一次不行，我们可以多做一次，一次会比一次好。

活动二：传话游戏

1. 游戏规则

5个人为一组，每两个人之间相隔1米，由第一个人去老师那里拿纸条，看完后把纸条交还给老师，在第2个人耳边轻轻地说出纸条上的内容，但不能让别人听见。第2人以相同方式传给第3人，依此而行，直到传给最后一人。看看哪一组传得最快、最准确。

2. 游戏结果公布

老师给同学们的纸条写的是一样的内容：“我找到的是青蛙，如果老师问，不要说成虫。”有的组传话几乎一字不差，而有的组传到最后时意思完全走样。

3. 教师小结

在与人沟通时，一定要注意语言表达的准确性，减少传错话引发的误会。

设计意图：马克思指出，人的本质并不是单个人所固有的抽象物，在其现实性上，它是一切社会关系的总和。人既是自然人，也是社会人，人需要在交往中明确自己的位置，实现自己的价值。

三、实践应用，从心开始善言善行

（1）情境对话。

情境一：

你想去小区里玩捉迷藏，但是你的小伙伴认为踢球更好玩，当别人和你意见不一致时，你会怎么做？是让别人一定要听从你，还是和朋友一起协商？

情境二：

有人告诉你A同学说了你的坏话，你知道后是立刻找到A同学质问他，还是先问清楚事情的经过？在确定自己做错的情况下要诚恳地承认错误，及时改正，并谢谢A同学的批评指正。

（2）小组讨论。

（3）交流，教师小结。

设计意图：知行合一，学以致用。通过活动来培养学生积极的自我认知和良好的人际交往能力。

【活动延伸】

每周做一次自我检查，请爸爸妈妈说一说自己一周以来需要改进的地方；请朋友说一说自己做得好的事情；写下自己一周以来获得别人表扬的事情和帮助别人的事情。

【活动反思】

这次主题班会通过活动体验，让学生明白了人与人之间的差异，也学会了与人交往的基本原则：信任与尊重。让学生从内里接受并外化为行为，需要一个长期的过程，同时也需要教师在班级营造互帮互助、礼貌交谈的氛围，让学生顺利度过二年级这一段成长的关键期。

集体与自我

——小学三年级体验式班会活动设计

深圳市龙华区广培小学　严晓爱

【活动背景】

最近发现三年级（4）班的学生缺乏团结互助的意识和行动，很多学生都以自我为中心，缺乏集体荣誉感，合作的意识比较淡薄。而有些学生在完成一些任务的时候渴望与别人一起做事情，却因不知怎样与人合作而烦恼。因此，本节课为学生提供一个活动的舞台，让他们在活动中认识到团结互助的重要性，学会如何与人合作，增强班级凝聚力，培养团结向上的班风。

【活动目的】

（1）认识团结互助的重要性，感受团结合作带来的快乐。

（2）学习与人合作的方法，学会与他人合作。

（3）增强班级的凝聚力，培养积极向上的班风。

【活动准备】

教师准备好活动所需的道具、多媒体等；将学生分好组。

【活动过程】

一、数花瓣：需要抱团

1. 热身游戏：数花瓣

以教师的口令为准，学生在听到老师说几朵花瓣的时候，就几个人组成一组，马上按照老师的要求抱成一团，成为一家人。速度慢和没有找到“家”的学生将会被暂时淘汰。

2. 交流体会

在这个游戏中你有什么样的感受？教师顺势点拨、引导，将话题引到团结的主题上，这样才有助于下一步的活动。

设计意图：学生在玩游戏的过程中明白，每个人都需要与他人抱团，都有需要别人的时候。当自己属于一个集体的时候，才会有安全感，个体离不开集体。

二、突出重围：集体之力量

（1）进行分组。把班级分为两组，一组为突围组15人；另一组为包围组20人。

（2）突出重围游戏要求：包围组的20人手挽手、肩并肩围成圆圈，把突围组的15个人围在包围圈内。突围者要靠自己的能力想办法突出重围，包围者要靠团结的力量来维持包围。

（3）学生谈感受。

（4）请学生提取同学感受的关键词，并把关键词写在黑板上。

设计意图：学生在参与游戏的过程中，学会与集体中的成员协作，一起去完成任务。只有当大家学会协作、团结一致的时候，才会取得成果。通过活动让学生感受到团结的力量和自己在集体中的作用。

三、人体座椅：个体的重要

1. 玩游戏

全体学生手挽手、肩并肩面向圆心围成一个圆。全体向左转然后再把圆圈补齐。所有学生在教师的口令下，一起向下坐在身后人的腿上，自己的腿上承担前一个人的重量。这样每一个人都承担前一个人的体重，又将自己的重量放在身后的人腿上。

2. 交流体会

学生可以把自己活动的体验自由地说出来。每个人都可以感受到自己对于集体的重要性，体会到不论自己是什么样的学习成绩、什么样的性格爱好，都是班级中的一员，班级需要每一名成员。只有全班学生都发挥自己的力量，班集体才会变得更好。

设计意图：在这个游戏环节中，每一名学生都需要付出很大的努力，这样游戏才不会失败。这个游戏可以让学生体会与明白集体中的每个人对集体的重要性。

四、集体与自我：团结协作，共同发展

1. 学生总结

学生说完自己的感受之后，把自己的话写在便利贴上面并粘贴在事先准备好的板子上。

2. 集体合唱

最后全班一起齐唱《团结就是力量》，小组内同学相互拥抱。

设计意图：写的方式再一次内化学生对于游戏的感受，使学生明白集体与自我的关系：自我价值的实现离不开集体，集体的发展离不开每个人。在歌声与拥抱中学生之间的情感增进，班级凝聚力增强，对团结的班风形成有促进作用。

【活动反思】

此次班会课也是一次全新的班会形式，让学生在三次活动中去感受集体与自我的关系。班级的凝聚力需要活动，活动可以促进学生之间的感情。在“数花瓣”中，学生感受到每个人都需要他人的帮助，需要集体；“突出重围”游戏让大家明白只有团结合作，才可以取得游戏的胜利；学生在“人体座椅”环节可以感受到自己对集体的重要性，了解自己在集体中的价值，找到集体的归属感。“一个人可以走得很快，一群人可以走得很远”，相信孩子们在今后的人生路途中能学会协作，团结他人，在集体中实现自己的人生价值。

找寻快乐的钥匙

——小学三年级体验式班会活动设计

深圳市龙华区华南实验学校　王　璐

【活动背景】

随着当代社会竞争压力的增大，越来越多的学生面临着家庭、学校、社会等对其学业的关注，但是他们的心理健康状态却没有得到应有的关注，心理健康问题也在逐渐增多。这些都是给教师和学校敲响的生命警钟，面向全体学生的心理健康教育主题班会课程显得尤为重要。

三年级是整个小学阶段的关键时期，也是一个人一生中身心发展的重要阶段，是其生命观和价值观的形成时期。为此我们有必要对学生进行适时的心理健康教育，引导其发现生活中的各种快乐，帮助其掌握调节情绪的方法，进行一次以“找寻快乐的钥匙”为主题的班会课。

【活动目标】

（1）认识到在生活、学习中快乐的事情有很多，事事有快乐、处处有快乐。

（2）知道快乐这种情绪有益于身心健康、学业进步，掌握一些调节情绪的方法，做到将消极情绪转换为积极情绪。

（3）愿意帮助他人找到快乐，并从中获得自身的快乐。

【活动准备】

一、教师准备

1. 心理调查

面向全班进行心理问卷调查，了解班内学生快乐和不快乐的原因、在人际交往中遇到的问题，以及学生家长对学生心理状态的关注情况、亲子关系等。

2. 资料搜集

表情清单、情绪调节的方法、幽默笑话等各种与活动课有关的资料；制作幸福清单的彩色卡纸、制作纸飞机的彩色纸张、爱心信纸、号码牌和抽奖箱、棒棒糖。

二、学生准备

1. 制作“幸福清单”

上课前一天给学生发放彩色卡纸，学生参考以下图片，课前制作好自己的幸福清单，课上带来展示（图5–1–1）。

图5–1–1　幸福清单

2. 视频拍摄

请学生家长录制一段短视频，表达自己最想对孩子说的话。

【活动过程】

一、师生谈话，初入快乐

（1）师生谈话：暑假期间你们遇到了哪些快乐开心的事情呢？请和大家分享一下。（选择3~5名学生进行全班内的分享）

（2）教师：除了快乐的心情，这段时间你还有别的情感体验吗？（选择3~5名学生分享自己的故事）

（3）教师总结：生活中我们会遇到各种事情，自然而然地就会产生各种情绪（出示情绪脸谱），这都是非常正常的现象。我们可以有欢乐，也可以有愤怒；可以有悲伤，也可以有兴奋，这些都是我们的情绪。我们都喜欢那些鼓舞人心的快乐情绪，我们要学会在生活中找到自己的“快乐钥匙”，打开更多的快乐宝箱。现在就请大家闭上眼睛，我们一起去“快乐海岛”开启寻找快乐的冒险之旅吧。

（4）设置“快乐海岛”的情境：播放一段宁静祥和的音乐，全体学生闭上眼睛，教师讲解画面，学生想象画面。

设计意图：通过谈话总结，让学生逐步走进情绪的世界，认识到产生各种情绪其实很正常，让学生学会正视自己的各种情绪。“快乐海岛”活动以柔美的音乐和生动的语言将学生带入快乐的情境体验中，为之后找寻快乐奠定情感基础。

二、幸福清单，找寻快乐

（1）教师：生活中的幸福无时无刻不在发生，同学们课前已经制作完成属于你的幸福清单，请在小组内分享交流一下吧。

（2）学生在各自的小组内分享交流自己的幸福清单，并选出一位代表在全班内分享自己小组内重复率最高的幸福事件。

（3）制作幸福清单墙：以小组为单位，将学生制作的幸福清单张贴在教室内的一面墙上，合影留念。

设计意图：课前学生制作完成幸福清单，大大节约了课堂活动的时间，将活动前置，提高了课堂活动的效率。幸福清单装点了教室的环境，学生在校期间可以时刻感受到自己平时的幸福瞬间，将幸福快乐的感觉持续下去。

三、快乐钥匙，调节情绪

（1）教师：在生活中，除了快乐的情绪，我们还会有其他心情，我们来看看下面几个真实的案例，想一想我们可以怎样帮助他们调节心情，找回快乐？（教师分析几个不同情绪的案例，请不同的学生分析有什么好方法调节案例中提到的情绪。）

（2）教师：当我们面对悲伤、沮丧、愤怒等消极的情绪时，如果我们懂得如何调节自己的心情，快乐便会和我们一直相伴。下面老师要交给大家几把“快乐钥匙”，大家赶紧接住它们吧，看看你们会不会在生活中使用它们。①倾诉法：向老师、家长、朋友等倾诉。②借物宣泄法：捶打被子、枕头、沙包等。③呼吸调节法：闭眼静心、深呼吸、偷偷大哭一场。④转移法：听音乐、做运动、想想自己开心的时候、换个环境。

设计意图：授之以鱼，不如授之以渔。将“快乐钥匙”交给学生，引导学生主动思考快乐的秘密，激发学生对快乐的探究。

四、放飞纸飞机——释放情绪

（1）请学生在纸上写下自己最近不开心的事情，折成纸飞机。教师请几位学生分享自己的不开心经历。分享后请其他学生借助刚刚讲过的“快乐钥匙”，帮助他们解决问题，找回快乐。对回答优秀的学生奖励给甜甜的棒棒糖。

（2）请全班学生一起向教室前面放飞自己的纸飞机，共同释放自己的消极情绪，录像留念。

（3）教师采访不同学生此刻的心情如何，最后进行总结。

设计意图：在学生掌握“快乐钥匙”后，立刻让学生将其真实地运用到自己的生活中，学以致用。“放飞纸飞机”活动，可将消极负面的情绪瞬间转化成克服困难的动力，激励学生战胜自我，追求快乐。

五、真情影院——浸润心灵

（1）教师为学生播放活动前收集的父母视频。

（2）请学生在观看完视频后，在教师准备的爱心信纸上写下自己想对父母说的话，最后折成心形，回家后交给父母。

设计意图：亲子关系在学生心理健康发展中起着至关重要的作用。真情告白视频和爱心信纸，在学生和家长之间架起了一座沟通的桥梁，将学生和家长的心灵紧紧地联结在一起。

六、师生讨论总结

（1）教师送给学生一句话：笑一笑，十年少；愁一愁，白了头。

（2）学生分享自己对这句话的体会，并总结在今天的活动课中收获了什么。

【活动延伸】

班上每个学生都有一个学号，请学生随机在抽奖箱内抽取一个号码牌，将这个学号对应的同学作为自己的秘密帮助对象，三天内要随时帮助这位同学，但是不能让对方知道。在下次班会课时教师和学生将分享这三天的体会。

设计意图：一次班会课结束并不代表找寻快乐的终结。“秘密帮助对象”活动可以引导学生将快乐传递给他人，也能让学生体会到帮助他人的快乐，更有助于班级形成良好的班风。

【活动反思】

教师在班会课前通过问卷调查，了解到班级内学生的心理状况和亲子关系，在此基础上设计了有针对性的主题班会活动，以问题意识构建活动内容，从而收获了更好的活动效果。

针对三年级学生的身心特点，教师设计了形式多样、内容丰富的课堂活动。学生在教师的指引下从“初入快乐”到“找寻快乐”，借助“快乐钥匙”调节情绪，最后在“放飞纸飞机”“真情影院”活动中走向了情感体验的最高处。在课堂结束时，教师的课后作业依然将这把找寻快乐的“钥匙”交给了学生，指引他们继续创造快乐，分享快乐！

（指导老师：深圳市李志华名班主任工作室成员　孟　越）

快乐包饺子，我们是一家人

——小学三年级体验式中队活动设计

深圳市龙华区龙华中心小学　温伟茂

【活动背景】

三（4）微笑中队，是全校最难管的中队，有三多：调皮的孩子多，问题学生比较多，队员之间冲突多。为此，辅导员和中队委开展了各种活动以促进学生们友好相处。以此为目的，我们通过活动带动班级气氛，开展了“快乐包饺子，我们是一家人”的主题中队活动。

【活动目标】

（1）将《队章》中“我们的作风”与社会主义核心价值观融合在一起，认识到一个中队建设最重要的是和谐。

（2）感悟到和谐、团结是最美好、最快乐的事情，并愿意为中队的和谐友爱做出自己的贡献。

【活动准备】

1. 学生准备

（1）中队干部讨论活动内容、制订活动方案。

（2）队员自主组合成四个小队：采购小队（专门负责采购食材）、制作小队（专门负责择菜、洗菜、擀皮、包馅）、吃货小队（请辅导员、老师、校领导以及家长来负责品尝）、卫生小队（吃完后负责“战后”清扫工作）。

2. 家长准备

家委会成员随时给予孩子们指导、帮忙。

【活动过程】

活动开始分为四个部分：一是准备食材，二是现场制作，三是消灭“战果”，四是清扫“战场”。

一、准备食材，快乐购购购

中队长召集小队长开会，搜集队员们的口味喜好，派出队员跟家委会的叔叔阿姨一起去采购，回来后把根据队员们的口味买好的食材放在饭堂。

设计意图：我的美食我做主，这是准备食材小队策划的活动，发挥了队员的自主性和创造性，将有意义的事情做得有意思。

二、现场制作，动手乐乐乐

（1）队员们一走进饭堂现场就热火朝天地干起来了，谁都不肯闲着，擀皮的、择菜的、洗菜的……忙得不亦乐乎，笑声不断。

（2）七嘴八舌话感受。

设计意图：现场制作小队为了促进中队的和谐发展，一直在吆喝着全体队员加入这个行列呢！以“齐动手乐成长”为切入点，唤起队员们的主人翁意识，引出“和谐”这一主题，增强中队凝聚力和向心力！

三、消灭“战果”，快乐尝尝尝

（1）邀请家委会成员品尝。

（2）邀请平时调皮捣蛋、不爱与人交往的厉××品尝。

（3）邀请辅导员品尝，主动邀请学校领导、教师齐品尝。

设计意图：这是吃货小队为了拉近队员之间的关系，让友谊长存下去，推进队员之间和谐发展而做出的努力。

四、清扫“战场”，动手冲冲冲

（1）家委会成员采访队员：和谐是什么？（团结友爱、互帮互助，尽量不吵闹、不打架、不与别人发生矛盾）

（2）清扫饭堂，学会与人和谐相处。（饭堂借来的时候是什么样子，还回去时还是什么样子，还饭堂一个清洁的环境）

设计意图：社会即学校。让队员从小树立为集体服务的意识，学会换位思考，体谅别人。

【活动延伸】

同学们，饺子不仅是一种食品，还是一种文化。小小饺子，包着乾坤；小小饺子，包着幸福；小小饺子，与中国传统文化完全融合。课下大家可以搜集饺子文化的相关资料，把食品与文化结合起来学习，这会让你对饺子有更深的了解。

评价分为队员自评、小队互评和中队辅导员评价三种，结合“雏鹰争章”活动，设立“和谐章”，教师结合这次活动中学生们的表现以及家委会的建议给这次表现最好的学生颁发“和谐奖章”。

【活动反思】

这节课的活动内容出自学生、符合学生、服务学生，为学生们营造了一个和谐、民主、融洽的学习氛围，学生们在包饺子的过程中发现问题、解决问题，充分体会到了合作的快乐，也开始懂得应包容别人的缺点，特殊队员也学会了与人相处，关爱他人。三（4）微笑中队在体验生活中感悟“和谐、和乐、和美”，学会了宽容、理解，整个中队又充满了勃勃生机。

同观一部影，共筑爱国情

——小学三年级体验式班会活动设计

深圳市龙华区龙华中心小学 吴利珠

【活动背景】

爱国主义作为人的基本道德价值观和品质，必须从小培养，经过长期教育和熏陶，才能逐步形成。

部分学生的爱国意识比较薄弱，在校存在一些不良的行为和现象，特别是有些学生在每周一升国旗的时候迟到不参加升旗仪式，或者升旗的时候不专注，或聊天讲话，或不敬礼，不知道升国旗、唱国歌是爱国的一种表现。针对这些问题我们拟通过主题班会对学生进行爱国主义教育，培养学生对国旗、国徽的崇敬之情。

【活动目标】

（1）了解祖国历史和现实。

（2）燃烧爱国之情，激发报国之行，增强民族自豪感和责任感。

【活动准备】

1. 教师准备

调查学生不参加升旗仪式的原因，深入了解学生的心理，研究解决策略；准备电影《八佰》视频资源。

2. 学生准备

收集有关国徽、国旗、国歌等方面的知识，排练有关的诗、歌、舞等。

【活动过程】

一、激情导入

全班齐唱国歌，营造气氛。

二、师生同观一部影——《八佰》

环节一：“议一议”

师生谈一谈影片中最令自己感动的环节。为什么？假如你是主人公，你会做出怎样的选择？为什么？

设计意图：加深学生对影片剧情的回顾和梳理，加深他们的情感体验。

环节二：“演一演”

角色配音经典片段，通过演唱主题曲和插曲等方式，来表达对电影及经典情节的喜爱。

设计意图：通过表演和创作活动，使学生将情感投入到角色中去，体会角色当时的心理，激发爱国情感。

环节三：“谈一谈”

你还看过哪些类似题材的电影？

设计意图：主人公身上有哪些共性的品质值得我们学习？通过举一反三的方式向学生推荐更多的经典作品，充分发挥其育人功能，深入挖掘电影中所呈现出来的社会主义核心价值观，并对学生进行引导。

环节四：“想一想”

在和平年代，该如何爱国？我该怎么做？

设计意图：情感升华并关心国家的发展，把自身前途和国家命运连在一起，并将爱国情怀转化为具体行动。

环节五：“唱一唱”

师生齐唱《我和我的祖国》。

设计意图：抒发对祖国的热爱，渲染出浓浓的爱国气氛。

三、总结发言

热爱祖国，不是一句口号，也不是一堂主题班会就能全部体现的。爱国，离我们并不远；爱国，就在我们身边。爱国更多体现在同学们的日常生活中，从日常的行为做起，爱父母、爱老师、爱同学、爱班级、爱学校，学会分享、勇于承担、敢于担当。无论身在何处，我们都不能忘记自己是中国人，为自己是中国人而感到光荣和自豪。今天为振兴中华而刻苦学习，明天为创造祖国辉煌的未来贡献自己的力量。

【活动反思】

影片讲述的是1937年10月淞沪会战最悲壮的一役。中国国民革命军第88师524团坚守上海四行仓库，为壮大声势，400人号称800人，战士们孤军奋战，以血肉之躯，坚守最后一道防线，表现了该团战士抗击侵略者的英勇无畏的精神。该影片有助于学生重温历史，让他们走近中华民族的优秀儿女，在浓烈的历史氛围中，真正触动心灵，从而激发不惧艰难、为国贡献出一份力的精神。通过活动，学生们了解了祖国的历史和现实，增强了爱国的情感和责任感，树立了自尊心和自信心，明确了今后自己的努力方向：继续弘扬伟大的中华民族精神，高举爱国主义旗帜，锐意进取，自强不息，艰苦奋斗，顽强拼搏，真正把爱国之志变为报国之行。

遇到难题怎么办

——小学三年级体验式班会活动设计

深圳市龙华区龙华中心小学　张燕华

【活动背景】

防疫居家学习期间，学生缺少必要的监督，学习质量有待提高。三年级学生的形象思维占主导地位，形象生动的学习内容能更好地激发学生的兴趣。同时，三年级也是意志品质培养的关键期，此阶段教导学生如何解决难题有利于学生树立坚韧不拔的意志品质。本节课通过体验式活动和有趣的动画微课，采用线上线下相结合的混合式学习方式，让学生们乐于挑战困难，为养成良好的学习习惯打下基础。

【活动目标】

（1）懂得每个人都会遇到难题，要勇于挑战难题。

（2）学习“三问”“四步法”，通过“三问”“四步法”找帮手、解决问题。

【活动准备】

1. 学生准备

调试好在线学习设施，下载“腾讯课堂”App。

2. 教师准备

（1）问卷调研，了解班级学生在学习中遇到的难题以及解决的主要方式。

（2）剪辑动画微课《遇到难题怎么办》，并请三位学生家长提出课程优化建议。

【活动过程】

一、课前活动——听儿歌，正视难题

欣赏《雷欧之歌》。

教师：为什么会打雷下雨？你是不是跟雷欧兄弟一样时常遇到很多的难题呢？让我们一起来学习遇到难题怎么办。

设计意图：通过儿歌视频，调动学生的学习积极性，导入本课学习。

二、线上学习——看动画，学会“三问”

环节一：遇到难题会“三问”

教师：我们在生活中遇到难题可以找的三个帮手——书本、网络、亲友。（播放动画微课）

当遇到简单的问题时，首先要问书本。

如果书本里找不到答案，也可以上网搜索。

另外，我们也可以请教身边的家长、老师等智囊团。

设计意图：通过教师教授遇到难题寻“三问”，学生学会解决自己遇到的难题。

环节二：查询网络有技巧

教师：据了解，我们最常请的帮手是网络。在通过网络查找资料的过程中，你们有哪些困难吗？

邀请学生回答。

教师：原来，在通过网络查找资料的过程中，我们会遇到三个“怪物”。接下来我们通过微课来学习如何打败它们。（观看动画微课）

如何打败“搜索怪”：学会搜索关键词。

如何打败“走神怪”：关闭电脑提示音和网页弹出功能，设定查询时间。

如何打败“骗人怪”：进入可靠的官方网站和利用搜题软件查询。

设计意图：通过动画微课，激发学生兴趣，突破本课的难点。

环节三：问题解决“四步法”

教师：作为一个优秀的孩子，除了找帮手，我们更应该学习自己消灭难题的方法。（播放动画微课）

第一步：反思自己哪里不会。

第二步：鼓励自己，树立信心。

第三步：找准合适的帮手。

第四步：总结反思，填写清单（表5-1-1）。

表5-1-1　难题消灭清单

遇到难题怎么办？ 三问：①问书本；②问网络；③问亲友。 四步走：分析问题—鼓励自己—找准帮手—总结反思			
我有哪些难题？	我想要用哪个小帮手？	简要写写你消灭难题的过程	难题消灭了吗？（是填√，否填×）

设计意图：通过学习“四步走”，让学生学会按步骤解决难题。

环节四：总结分析共提升

教师：通过本课学习，希望大家以后可以用“三问”“四步法”消灭难题。

设计意图：总结升华本课重点内容，巩固本课所学知识点。

三、线下学习——小挑战，践行“秘籍”

布置线下任务。

（1）罗列自己遇到的难题并用“三问”“四步走”消灭它们。

（2）完成《难题消灭清单》并将清单拍照发送给老师。

【活动延伸】

邀请挑战难题的“小勇士”们进行班级经验分享，向同学们介绍自己的学习方法，收获和体会。

【活动反思】

本节班会活动主要通过线上动画微课与线下操作实践实现了混合式学习。线上网络直播教学增强了学生与教师之间的互动，动画微课激发了学生的兴趣。线下操作实践主要以《难题消灭清单》为载体，学生能够学以致用，清单也促使学生总结与反思。然而学生的难题并不一样，有些问题并未起到锻炼的作用。如果教师能够依据班级学生的水平设置难度递进的几个问题，对学生而言更具挑战性。

学会赞美他人

——小学体验式班会活动设计

深圳市龙华区广培小学　黄　素

【活动背景】

分班一学期，班级两极分化情况特别严重，成绩优秀的学生在班上占据了主导地位，自带光环，而稍微落后的学生逐渐“边缘化”“透明化”。为了使更多的学生“站”出来，营造团结、正面的班级氛围，我打算召开一次以“学会赞美他人”为主题的班会。

伟人曾经说过：你若要知道梨子的滋味，就必须亲口尝一尝。古语也有云：“纸上得来终觉浅，绝知此事要躬行。”这都说明德育中说教的效果不会是很有效的。小学生天性好动，喜爱游戏，让学生在实践活动中去体验、去感受，情感体验才强烈，思想认识才深刻。以上认识，是我设计这堂体验式班会课教案的思想认识基础。本节课将以学生活动为主体，让学生在活动中去体验，在体验中感悟一些道理。

【活动目标】

（1）用一双善于发现美的眼睛去发现身边同学身上的优点。

（2）利用学生的优点，营造积极向上的班级氛围。

（3）在平时的学习生活中学会用赞美卡表达自己的赞美。

【活动准备】

1. 教师准备

赞美卡（54份）、在班级童享乐园展示墙开辟“赞美”墙。

2. 家长准备

提前录制好的赞美视频。

【活动过程】

一、故事导入

（1）学生阅读故事《快乐的一天》，读完故事后分享感受。

（2）学生畅所欲言，以四人为一组小组内阅读、交流故事。

（3）小结：卡耐基因为一句话而深受感动，甚至豁然开朗，改变了一生。小小的一句赞美，既改变了自己也改变了他人，一举两得，何乐而不为呢？

设计意图：由学生感兴趣的故事导入，不仅可以激发学生的兴趣，使学生积极主动地参与到学习过程中来，还可以让学生在故事中感受到赞美的力量，顺势引入此次班会的主题。

二、优点大轰炸

（1）提出活动要求：“赞美＋具体例子”。

（2）邀请接受赞美者。

（3）学生们即兴对3名同学进行赞美。

（4）被赞美者谈感受。

设计意图：邀请优秀生、中等生和成绩稍落后的学生各一名，让全班学生对他们进行赞美，目的是让学生知道每个人都有优点。让被赞美者谈感受，让学生体会到赞美的力量。

三、分享赞美卡

（1）下发赞美卡，全班学生填写赞美卡。

（2）互相分享。

（3）击鼓传花游戏，轮到的学生分享自己的赞美卡。

设计意图：教育家第斯多惠说过，“教育不在于传授，而是在于激发、唤醒和鼓舞”。赞美卡既可以让学生在填写的过程中学会欣赏他人，也可以让他们在填写的过程中学会表达自己的欣赏，强化了赞美的力量。

四、赞美看得见

（1）播放家长和科任教师提前录制的赞美视频。

（2）被赞美者谈感受。

（3）被赞美者领取赞美卡（把学生填写的赞美卡下发给个人），并粘贴在班级童享乐园“赞美”墙上。

设计意图：“赞美”墙上粘贴赞美卡，让学生自己的“美”被看得见，在班级营造一个欣赏他人、发现身边同学优点的氛围。

五、活动总结

用一双善于发现“美”的眼睛去欣赏、发现身边同学的优点，“美”化他人，“美”化自己。

【活动延伸】

（1）班级内建立赞美小分队，及时发现、记录班级的最美瞬间，并及时粘贴在班级的“赞美”墙上。

（2）在每周班会课上，设置专门的赞美时光，分享交流赞美卡。

（3）每周给父母写一张赞美卡，与父母一起分享，并拍照上传至班级群。

【活动反思】

本次活动“知—情—意—行”中“知”是基础，所谓“知难行易”，学生只有提高了认知水平，才会将行规训导中的一些要求转化成自觉的行动；“情”是关键，在很多的情况下，学生不善于对别人说出他的优点，所以这节课将学生置于一个特定的场合，制造特殊的气氛来激发出学生的情感，这样，后面的教学环节——“导行”就能水到渠成了。

拒绝手游，健康成长

——小学四年级体验式班会活动设计

深圳市龙华区六一学校　何红玉

【活动背景】

随着手机的普及，手游也逐渐兴起。最近班上有的同学迷上了《王者荣耀》，课间找同学聊《王者荣耀》，导致班上又多了好几个玩《王者荣耀》的学生。四年级的学生虽有一定的辨别意识，但自控能力较差。针对这一情况，我特地召开“拒绝手游，健康成长”主题班会。

【活动目标】

（1）能够正确认识到手游带来的利弊。

（2）观看家长录制的视频，感受到父母的期望。

（3）在集体力量的鼓励下，自愿远离手游。

【活动准备】

（1）调查学生迷上《王者荣耀》的原因，深入了解学生心理。

（2）联系家长，争取家长支持，录制短视频。

【活动过程】

一、七嘴八舌话手游

手机已经慢慢地成为我们生活的一部分，而玩手机游戏也成了一部分人业余活动的选择。

（1）全班学生按座位轮流，轮到的学生陈述自己对玩《王者荣耀》的利与弊的看法，其他学生倾听和思考。

（2）记录员在黑板上分别记下利与弊的理由。

设计意图：采用头脑风暴法陈述玩《王者荣耀》的利与弊，让学生说出内心真实想法，在碰撞与交流中开阔眼界。

二、利大还是弊大

（1）全班自愿分成正反两方，每方推荐4名学生做辩手当堂辩论，进行陈述与批驳。

（2）辩论结束，全班学生一起来总结。

（3）综合分析后形成更坚定的思想，做出自己的选择。

设计意图：四年级的学生已经具有一定的辨别意识，经过辩论，学生学会自己去分析，自己得出的结论比教师直接给予的更易于接收，更容易内化。

三、家校联手，形成合力

（1）播放小方家长提前录制好的视频，让学生们直观地感受到父母对孩子的殷切希望。

（2）学生谈观看视频后的感受，并说说有哪些好办法可以远离手游。

设计意图：争取家长的配合，协调多方面的教育力量。在德育教育过程中，家长的力量不可忽视。

四、制作打卡表，付诸行动

（1）教师出示一份自己制作的打卡表，学生根据教师提供的打卡表并结合自己的实际情况，制作一份属于自己的独一无二的打卡表。可独立完成打卡表，也可以和同桌或小组内共同制作。

（2）学生在全班展示制作的打卡表，并表明决心，积极向上。

（3）教师小结，鼓励学生完成21天打卡表。

设计意图：知是基础，行是关键。只有让学生付诸行动，教育的成效才能真正实现。实施21天打卡表，有利于学生养成良好习惯。

【活动延伸】

一周后，检查学生的打卡情况，与个别家长联系，了解学生的真实情况，做到有针对性地跟进。

21天后，全班学生展示打卡情况，对优秀者进行表彰。

设计意图：德育是一个长期的、反复的、逐步提高的过程。

【活动反思】

班会活动是班主任对学生进行教育的主阵地。如何让学生在班会活动中真正参与、思考并愿意行动？这对于我来说是一个挑战。这次活动，我以学生的体验为基础，让学生在活动中不断思考，不断进行思维碰撞。而学生也在活动中不断地成长。

以汤养身，滋身润心

——小学四年级体验式班会活动设计

深圳市龙华区教育科学研究院附属实验学校　张灵会

【活动背景】

广东人爱喝汤、喜煲汤，这种喝汤文化对于大多数广东人而言，就如同空气一样重要。季节交换之际、身体滋养之时、日常饭桌之上，都有适合的靓汤。文火慢炖、精心选材，煲汤文化在无声无息中已深刻影响着广东人的饮食。

四年级学生正好处于大脑内部结构发育和功能完善的关键期，生理和心理特点变化明显。这是培养学生学习能力、控制情绪能力、意志能力和学习习惯的最佳时期。

将饮食文化与学生心理特点相结合，让学生在煲汤中学会磨炼心性，逐步养成良好的习惯。

【活动目标】

（1）体会心性的磨炼需要时间，逐渐养成良好的生活及学习习惯。

（2）了解汤的起源、分类、功效、选材，了解并熟悉汤文化。

（3）掌握煲汤的方法，能够使用现代信息技术开展劳动活动，懂得运用科技开展创造性劳动。

【活动准备】

教师准备：情景剧所需道具；“沙参玉竹老鸭汤”煲汤视频；煲汤记录单。

【活动过程】

一、创设情境，引出汤概念

（1）活动：《北方人到深圳》微情景剧表演。

（2）要求：表现出北方人到深圳之后发现南北方饮食习惯差异，即广东人喜欢喝汤、煲汤，由此引出汤概念。

设计意图：让学生表演情景剧，传达饮食文化，用喜闻乐见的方式引发学生的注意，并引出主题——汤。

二、小组展示，认知汤文化

（1）活动：小组调查汇报，资源共享。

（2）要求：课前将全班学生分为四个大组，分别去搜集关于汤的知识，包括汤的起源、汤的分类、汤的功效、汤的选材，并进行煲汤的准备工作等。请四个组长上台分别介绍汤的知识（表5–1–2）。

表5–1–2　汤文化调查表

我们的小组成员	
汤之起源	
汤之分类	
汤之功效	
汤之选材	

设计意图：给学生展示的平台，同时锻炼学生的信息收集能力以及语言表达能力，帮助全班学生加强对汤文化的理解与认识。

三、求索体验，解锁汤密码

1. 按需选汤

（1）活动：“按需选汤”。

（2）要求：根据身体需求选择合适的汤品。

（3）操作：最近身体上火了，选择苦瓜汤；老师咳嗽，为老师准备止咳润肺的银耳莲子雪梨汤；天凉了，妈妈为全家人准备滋补身体的沙参玉竹老鸭汤。

设计意图：给学生思考的时间，明白对症选食材，根据需求选择汤品，并明白如何确定需求，学会关爱他人。

2. 智慧煲汤

（1）活动：依靠科技智慧煲汤。

（2）要求：能够上网搜索确定煲汤食材，利用美食App学习煲汤步骤，使用智能煲汤工具煲汤。

（3）任务：完成《煲汤记录单》。

“沙参玉竹老鸭汤”煲汤记录单（图5–1–2）：

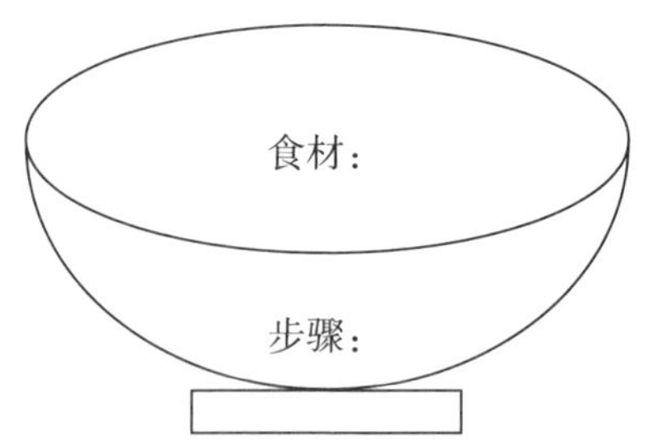

图5–1–2 “沙参玉竹老鸭汤”煲汤记录单

设计意图：让学生学会利用现代化工具进行劳动创造，提高学生解决问题的能力，培养学生独立自主的意识。

四、迁移升级，体味汤内涵

煲汤的火候讲究慢，文火慢炖，长则数天，短则几小时，不急不躁，不需要搅动，不知不觉中汤的鲜美之味便飘了过来。

学生A：我需要一碗“细心汤”，我需要加入“一字不漏读题”“认真听课”“静心写字”等食材，让自己变得更细心。

学生B：我需要一碗“情绪管理汤”……

设计意图：由煲汤迁移到磨炼心性，让煲汤的“煲”与修性的“修”寓意相同，让学生在煲汤中体悟修身养性的润物无声与宁静致远，让学生在劳动中感悟成长的量变与质变。

【活动延伸】

（1）根据家人的需求，为家人煲汤，并将煲汤过程以图片或视频的形式记录下来。

（2）设计属于自己的“心灵鸡汤”，将所需食材和步骤记录下来。

【活动反思】

国家大力倡导“新劳动教育”，这次班会课切合劳动教育主题，以煲汤为主要活动，以劳增智、以劳树德、以劳强身、以劳育心，让学生从劳动技能中体味劳动内涵，将真实的煲汤与磨炼心性相融合，在活动中让学生体会劳动的智慧，希望能够培养学生的劳动意识，使学生养成劳动的习惯，在新时代学会利用科技开展劳动活动。

虽然煲汤距离学生生活很近，但在这节班会课上，过多的方法指导导致学生操作、劳动时间少。因此在今后的劳动主题的班会课上，还是要让学生真真切切地劳动，从自己的动手实践中感受劳动带给自己的启迪。

（指导教师：深圳市李志华名班主任工作室成员　周　婵）

观影中渗透，活动中成长

——小学五年级体验式班会活动设计

深圳市龙华区龙华中心小学　肖友花

【活动背景】

五年级的学生已经开始步入少年时期，有自己的想法却又不是很成熟，同时，不会像中低年级的学生一样与父母、老师无话不谈。我们发现，当遇到挫折和失败时，有一部分学生不会及时调整自己的心态，在课堂上状态不佳，在生活中会表现出闷闷不乐的情绪。

积极健康的心态对学生的成长非常重要，为引导学生积极面对学习和生活中出现的问题，明白积极的心态对身体、学习和生活的重要性，学会从不同的角度看问题，知道一些调节心态的有效方法，班级决定利用观影的方式，召开本次“积极心态”主题班会，让学生在潜移默化中学会自我调节。

【活动目标】

（1）明白积极的心态对身体、学习和生活的重要性。

（2）掌握调节心态的一些有效方法。

（3）锻炼自己，保持积极、乐观、向上的心态，做一个活泼健康的阳光少年。

【活动准备】

大礼包、与心态有关的电影片段。

【活动过程】

活动一：联系生活，体验入题

1. 巧送大礼包

（1）教师给每个小组送一个礼包，里面有如下四样礼物：一个棒棒糖、一粒花生、一块饼干、一包巧克力。

（2）孩子们，这个大礼包里有四种礼物，想一想，你最希望得到哪一种礼物呢？

（3）学生们七嘴八舌地挑选礼物。

（4）教师出示分礼物的方法，不是按愿望分，而是抽签。

2. 交流感受

（1）交流：有的同学如愿以偿，拿到了自己喜欢的礼物，心里有什么感受？有的同学没有如愿，此时又有什么感受？（此处，教师不做任何引导，只是让学生表达自己的情绪。）

（2）碰到这样的问题，我们该怎么解决呢？上完今天的课，大家也许会有一定的收获。

3. 出示课题

积极的心态如同阳光让我们充满希望，积极的心态如同雨露滋润我们的心灵，今天我们的班会就是一起看电影，学会如何做一个拥有积极心态的学生。（板书主题）

设计意图：教育不是一种告诉，而是一种唤醒，是儿童自我的修正、调整、顺应和发展。此环节重在唤醒，让学生充分表达自己的情绪是为下面的环节埋下伏笔。

活动二：观看电影，调整心态

第一场：认识自己，相信自己。

亲爱的同学们，要拥有积极的心态，健康成长，首先要正确认识自己，相信自己，接下来带大家观看今天的首场电影《丑小鸭》。

（1）观影。

（2）下面请同学结合“认识自己，相信自己”这个主题来说一说丑小鸭的成长经历。（如果学生说不出可以提醒，他最初是怎么样的，后来怎么样了，这就是因为他能正确认识自己，相信自己。）

（3）学生分享，教师总结。也许我们不是最优秀的，但是只要我们能正确认识自己，相信自己，我们一定会越来越好。

第二场：学会包容，接纳他人。

我们不仅需要正确认识自己，还得学会包容、接纳他人。下面让我们一起来观看微电影《蓝光线上的小鸟》，看看我们会有什么收获。

（1）观影。

（2）看完刚才的微电影，你们有什么想说的吗？（学会与人相处，接纳别人；人与人之间要友好相处，不能排斥别人；要理解别人、尊重别人……板书。）

（3）小鸟们因为那只大鸟长得不好看而排斥它，最后弄得个两败俱伤的结果。我们应该学会包容、接纳他人，金无足赤，人无完人，不管别人是优点多还是缺点多，只要我们互相理解、互相帮助，就会共同进步。下面让我们一起来读读《拉手》这首诗：“我伸出小手，你伸出小手，小手拉小手，做个好朋友。”伸出我们的小手，让我们成为朋友吧！（手拉手小游戏）

第三场：学会合作，分享快乐。

现在让我们一起来观看微电影《魔术师和小白兔》，在这部电影里我们将看到魔术师和小白兔带给大家的精彩表演。

（1）观影。

（2）听着爽朗的笑声，相信这个微电影一定带给我们一些启发和感动，想一想，我们在成长的路上需要注意什么呢？

（3）齐读团结名言。“兄弟同心，其利断金。”一个人的力量太小，只有合作，才能拥抱成功。

单丝不成线，独木不成林。——俗语

聪明人与朋友同行，步调总是齐一的。——法国谚语

第四场：积极心态、努力奋斗。

下面一起观看今天的最后一场电影《跳跳羊》，这一场的小主题是积极向上，努力奋斗。

（1）观影。（播放影片到跳跳羊在雨中哭泣画面时暂停）此时，你有什么话要对跳跳羊说？或者你想为它做点什么？

（2）接下来我们看看跳跳羊在大家的关爱下有什么样的变化。（继续播放电影）

（3）《阳光总在风雨后》音乐响起，跳跳羊最终战胜了自己，坚持了自己的梦想，用阳光的心态迎接了挑战，用自己的努力奋斗取得了成功。

设计意图：学生是课堂的主体，好的教育应该是润物无声的。本环节主要是通过活动体验、观影感受引导学生了解积极的心态是充满力量的，对成长是有积极作用的。

活动三：小组合作，解决问题

小组交流，回看大礼包：

同学们，课上到这里，大家一定有了和以前不一样的感受，现在我们趁热打铁，一起来看上课之初出现的问题。

（1）根据是否实现愿望重新分组，自己取一个能体现积极心态的组名，开展头脑风暴来解决问题。

没有如愿的小组，如何调适自己的心态；加入如愿的小组，在团队中我们可以做些什么？

（2）小组汇报，教师适时点拨、总结。

为了自己的健康成长，我们应学会调节和控制自己的情绪，做情绪的主人，保持积极的心态，让快乐永驻心间！让我们一起手拉手，在《阳光总在风雨后》的歌声中结束本节课。愿未来的每个日子里，我们每个同学都可以拥有积极心态，健康成长。

设计意图：体验到内化需要一个过程，课堂助力学生积极心态的养成。

【活动反思】

在体验中引导学生积极、主动、向上成长，同时也引导学生不仅关注自己的心态，同时做一个优秀的同伴，关照同伴的心理，促进彼此之间正能量的传递，营造积极、健康的班级环境。

寻找自信的秘诀

——小学五年级体验式班会活动

深圳市龙华区三联永恒学校　刘建梅

【活动背景】

有些学生性格较为内向，加上父母工作较忙，忽视孩子在自信心方面的培养，他们在学习上或生活中，都较为害羞，与人交流时存在障碍，不敢说出自己内心的想法。这对学生的成长来说是相当不利的。面对这种情况，我设计了这节“寻找自信的秘诀”主题班会课，以游戏、活动、体验、故事为主要教学因素，引导学生认识到自信的魅力，找出自信的秘诀，从而拥有良好的心态，学会自信生活、学习，笑对人生。

【活动目标】

（1）增进同学间的了解，加深同学间的感情，体会人际交流的自信。

（2）能够运用自信秘诀，做更好的自己。

【活动准备】

1. 教师准备

（1）用钉将一块直径为60厘米的圆形KT板固定在小黑板上，做成一个转盘。

（2）每人准备一张彩纸，各小组颜色不一；8支颜色不同的彩笔。

2. 学生准备

座位安排：分成8个小组，以组为单位，围坐在一起，教师的座位在中间，各小组依次分散在四周。

【活动过程】

一、热身游戏，体验快乐

（1）交谈：大家喜欢快乐吗？想要快乐吗？自信的人最快乐。下面我们做一个热身游戏——喊出“快乐”。

（2）出示游戏规则：闭上眼睛，双手捂住脸。当听到歌曲中出现“快乐”两个字时，双手放开，同时大喊“一起快乐”，喊完又回到开始的状态，闭眼捂脸，等待下一个“快乐”出现。

（3）播放歌曲《隐形的翅膀》。

（4）询问学生游戏和听歌后的心情，是否感受到快乐，是否确定自己是自信的。

（5）生活中不仅要有快乐，也要有自信。怎样让自己变得自信是我们每个人都要解决的一个难题。这节课，让我们一起去寻找自信的秘诀。（出示课题，请学生大声齐读课题。）

设计意图：通过播放歌曲、游戏，让学生感受到快乐，去寻找快乐。

二、故事感受，清楚原因

1. 讲述故事

服装道具管理员变身记

俄国著名戏剧家斯坦尼斯拉夫斯基，有一次在排演一出话剧的时候，女主角突然因故不能出演了，斯坦尼斯拉夫斯基实在找不到人，只好叫他的大姐担任这个角色。他的大姐以前只是一个服装道具管理员，现在突然出演主角，便产生了自卑胆怯的心理，演得极差，引起了斯坦尼斯拉夫斯基的烦躁和不满。

一次，他突然停下排练，说：“这场戏是全剧的关键，如果女主角仍然演得这样差劲，整个戏就不能再往下排了！”这时全场寂然，他的大姐久久没有说话。突然，她抬起头来说：“排练！”一扫以前的自卑、羞怯和拘谨，演得非常自信、非常真实。斯坦尼斯拉夫斯基高兴地说：“我们又拥有了一位新的表演艺术家。”

这是一个发人深思的故事，为什么同一个人前后表现有天壤之别呢？这就是自卑与自信的差异。

2. 讨论

为什么斯坦尼斯拉夫斯基的大姐会由服装道具管理员转变成一位表演艺术家？（自信使她成功。）

设计意图：通过故事，让学生感受到做同一件事情，由于心态不同，感受也不同，而投入和自信能使人快乐。

三、分享生活，感受自信

我们在生活中常常会碰到令人增强自信的事，如今天比赛得了第一名，很自豪、很自信；多看了一本课外书，懂得了一个课外知识很自信；学会了一项新的本领很自信。可在学习生活中，也会碰到一些不如意的事。今天，我们就是要把自信的故事奉献出来，共同分享自信。（出示PPT：自信你我他）

1. 感受自信

请每位学生讲一件自己感到自豪的事情。

2. 写自信、说自信

（1）每位学生拿出教师提前发的彩纸，在音乐的伴奏下，在纸上写下自己认为最值得骄傲的事情，最值得自己自信的事情。

（2）小组交流写下来的事情。

（3）一分钟演讲——“自信的我”。每个小组派一位代表把觉得最能让自己自信的事以演讲的形式告诉大家。

想一想：当你的同学在你面前勇敢地表达自己，做事大大方方的时候，你心里会有什么样的感受？（体验自信）

（4）小结：通过同学们刚刚的言谈举止和表情，老师已了解到你们每个人都将自己的自信拿出来与别人分享了，同时，每个同学也分享了别人的自信。老师也特别自信，因为我也分享到了你们的自信。

过渡：为什么有的同学能找到自己许多自信的事，而有的同学总是感觉自己很害怕面对别人？让我们一起来寻找自信的秘诀吧。

设计意图：通过各种方式分享表达自信，让学生把快乐、自信内化于心。

四、小组讨论，寻找自信秘诀

（1）以小组讨论的形式，在组内交流个人的自信秘诀。组长派人用彩色笔写在下发的扇形纸上，并写上组号。

（2）各组组长将写好的自信秘诀用大头针依次钉在泡沫转盘的相应位置

上，做成一个自信大转盘，进行展示。

（3）分享自信。转动自信大转盘，让我们一起分享自信的秘诀。教师请8名学生依次朗读各组的自信秘诀，比一比哪组的自信秘诀更精彩（被认可的用掌声鼓励）。

过渡：自信大转盘，转出你的自信、我的自信、他的自信、我们共同的自信。同学们都大方地献出了自己的自信秘诀。

设计意图：通过小组合作，让学生感受同伴的自信来源。

五、多样化体验，提炼快乐秘诀

1. 观看心理情景剧，找出自信秘诀一：换种想法

（1）表演：下课了，丽丽看到琳琳买了一本新书，她很想借来看，可是她很害羞，不敢开口，同时心里很害怕，害怕琳琳拒绝。同学们，你们谁能帮助丽丽解决这个问题?

学生A：也许琳琳愿意借呢，她也是很喜欢跟同学分享的人。

学生B：你也可以拿一本书与她交换着看。

学生C：即使没借到也没有关系，可以自己去买，但是想做的事情就要去说、去做，不用不好意思的。

（2）丽丽：大家这么一说呀，我的心里有点儿底气了。于是，我主动去找琳琳借书！原来自信可以这样简单，换一种想法就行，这就是自信秘诀一。

2. 分享故事，找到自信秘诀二：凡事多往好处想

（1）现在我们来听一个故事，看看这个故事能给我们带来什么样的启发。

（2）尼克松是我们极为熟悉的美国前总统，但就是这样一个大人物，却因为一个缺乏自信的错误而毁掉了自己的政治前程。1972年，尼克松竞选连任。由于他在第一任期内政绩斐然，所以大多数政治评论家都预测尼克松将以绝对优势获得胜利。然而，尼克松本人却很不自信，他走不出过去几次失败的心理阴影，极度担心再次失败。在这种潜意识的驱使下，他鬼使神差地干出了后悔终生的蠢事。他指派手下的人潜入竞选对手总部的水门饭店，在对手的办公室里安装了窃听器。事发之后，他又连连阻止调查，推卸责任，最终在选举获胜后不久便被迫辞职。本来稳操胜券的尼克松，因缺乏自信而惨败。

（3）提出问题：尼克松为什么会失败?

（4）同一件事，为什么有的人觉得可以勇敢去做，有的人觉得很害怕去做？要想变得勇敢自信该怎么办呢？看来，一个人自信或者不自信，很多时候取决于心态。面对同一件事，有的人就会想到好的一面，有的人只会想到消极的一面。所以，想要获得自信，就得改变让自己不自信的想法，凡事都往好处想，这是自信秘诀二。

3. 培养自信的几种方法

善于发现自己的长处；给自己一个微笑；学会积极进行自我暗示；学会自我激励；感受别人的欣赏；感受（并烙记）成功的体验；充实自己，提高自己的能力。

4. 全班朗读《你是特别的，你是最好的》

让每个学生接受不一样的自己。

设计意图：通过换一种想法，接受不完美的自己，让学生找到自信，找到快乐。

六、唱响自信歌

（1）播放《相信自己》，师生同唱。

（2）让我们记住自信秘诀，并在生活中加以运用，人人都成为自信的人！

设计意图：在歌声中升华，用积极的心态去面对生活中的问题。

【活动反思】

通过本次的班会课，学生找到了更多使自己自信的方法。班会课只是一个起点，我们在平时的学习、生活中，也会时时关注那些较为敏感、自卑的孩子，以提高他们的自信心。

认知你我他，绽放和谐花

——小学六年级体验式班会活动设计

深圳市龙华区龙华中心小学　常　怡

【活动背景】

每一个人都具有自己独特的生命特质与价值，帮助学生发挥自己的特性，展示自己的独特之美，是教育的一个深刻内涵。六年级学生正处在青春期的初期阶段，心理丰富而又敏感、热情而又脆弱，人际关系也变得复杂起来。因为自我认知与对他人认知的不成熟，导致有些学生，特别是性格内向、不善表达的学生容易自我否定，容易受到嘲笑、冷落和边缘化，影响了学生的心理健康和班级和谐的环境，这是不能忽视的。

【活动目标】

（1）能体会到科学、全面的自我认知，获得自信和力量。

（2）懂得正确认知他人，懂得尊重和欣赏他人，学会与人和谐、友善相处。

【活动准备】

1. 学生准备

（1）语文期中考试中所写的作文《我心里的话》。

（2）书写卡片若干，每人一张。

2. 教师准备

（1）收集提前布置的个人才艺作品。

（2）户外拓展时集体活动的短视频和照片，以及音乐背景。

【活动过程】

首先来个热身活动，做一个“我们是一家人”的小游戏，通过小游戏使学生感受到集体的力量，唤醒学生的团队精神，为后面的三个环节做好铺垫。

环节一：明星就在你身边

（1）多媒体展示学生各类才艺作品。

（2）请学生们说说这些作品好在哪。

（3）公开作者的名字，并请作者说说自己才艺方面的情况。

设计意图：让学生避免受到晕轮效应的影响，客观、公正地再认知身边的同学，让每一个学生都有出彩的机会。

环节二：别人的痛知多少

（1）投屏展示匿名作文《我心里的话》，特别是里面对自己的否定、怀疑，以及充满怨恨的语句，标上红线。

（2）请学生们读一读，说一说感受。

（3）展示另一篇匿名好作文《一代名相刘伯温》，特别是里面富有文采的好句子要凸显出来，让学生说说作文的优点。

（4）揭开谜底，这两篇作文出自同一位作者，就是性格非常内向、不善表达，甚至言语不清的××同学。

设计意图：让学生体会到作者内心的压力和痛苦，产生同情，这样学生才能换位思考，促进自己内心的深刻反思；而对于××同学来说，这也是一种出彩的展示。

环节三：我们就是一家人

（1）播放学生户外拓展集体活动时的照片和短视频，回顾曾经各显其能、互帮互助的情景。

（2）学生们书写卡片，写出自己有哪些优点和特长，并选择一位同学，写出最想对他说的话。

（3）学生共同分享，并粘贴在教室板报上展览。

（4）活动总结：每一个人都有人生出彩的机会，每一个同学都有闪光点，我们不仅要看人长处，懂得尊重和欣赏他人，也要欣赏、相信自己。

设计意图：以直观的方式引导学生感受到集体中每个人都有自己的力量和才华，正确认知自我，客观认知他人，并将这种体悟深化于内心，为自己的健康成长助力。

【活动反思】

对于这节主题班会课，我要做的就是当好引导者，让学生做体验与感悟的主体。“动之以情，晓之以理”，却不拘泥于说教，我只是把材料按照一定的顺序展示出来，所有的“动”和“晓”都由学生通过自己的眼睛、耳朵和心灵去获得，这样的收获才能触动灵魂而内化于心，使学生形成自身强大的内驱力，养成自我教育的思维习惯。

做一个有道德的人

——小学六年级体验式班会活动设计

深圳市龙华区观澜第二小学　夏宏章

【活动背景】

以“深圳市创建全国第六届文明城市”活动的开展为契机，教育学生与深圳创文同行，从我做起，做一个有道德的人，培养学生孝敬父母、尊敬师长、团结友爱、遵守公德、助人为乐的品质，使学生形成正确的道德观、人生观和价值观。

【活动目标】

（1）了解和体验亲情，孝敬父母，养成良好的习惯，做一个懂事的好孩子。

（2）关心集体，同学友爱，做一个集体观念强的好学生。

【教学准备】

（1）教师搜集相关案例及音乐素材。

（2）学生及家长自拍生活片段；生活中的道德小故事；邀请家长发言的视频；主持人培训。

【活动过程】

一、孝敬父母，做个好孩子

父母赐予我们生命，我们从呱呱落地到成长为今天的学生，父母花费了无数时间和心血、精神和财力……父母对我们的恩情深厚而无私，孝敬父母是做人的起码的道德。

（1）在家里，我们应该怎样做一个有道德的人呢？观看一则公益广告《为妈妈洗脚》。

（2）简单的调查。谁知道父母的生日？谁为父母洗过脚？谁在父母生日的时候为父母送上了生日礼物和祝福？学生自由发言，并谈谈在生活中是如何孝敬自己的父母的。

（3）由学生代表讲述自己和父母之间爱的故事。（钢琴伴奏）

（4）播放家长代表讲述父母真心话的视频。

（5）发动全体学生把最想对自己父母说的心里话写在准备好的心愿卡上，并贴到心愿树上。（音乐《烛光里的妈妈》）

设计意图：家庭教育是道德教育的起点，一个人道德品质的形成往往是从家庭教育开始的。活动伊始，观看公益广告《为妈妈洗脚》的视频，既起到了很好的示范及传承作用，又将学生的注意力一下子吸引了过来。再通过调查父母的生日，说说如何孝敬父母与父母的真心话形成对比。这一系列的体验活动，是从心灵的震撼再到笔下的流露，做一个有道德的人的观念已深入学生心灵。

二、尊师敬友，做个好学生

学校是我们成才的摇篮，老师是我们成长道路上的引路人，是我们成才的辛勤园丁，为我们付出无私的劳动。那么我们怎样才能成为一名有道德的小学生呢？

（1）欣赏校园生活片段，小组讨论成功借物的原因，并说明应该怎样做。

（2）开展头脑风暴，列举校园文明礼貌用语。

（3）游戏。每小组派一名代表到其他小组借物，比一比：谁最有礼貌，谁最快取得成功！

（4）总结校园里出现的不道德行为。对不道德的行为要引以为戒。

设计意图：世界不是缺少美，而是缺少发现美的眼睛。借助校园中的真实事例，通过互动交流，体验成功借物的乐趣，明白在校园生活中还有很多人和事都闪现着道德的光芒。

三、奉献爱心，做个好公民

在社会上，我们作为一个小公民也要讲道德，奉献爱心。

（1）讨论作为一个小学生可以怎样为深圳市创建全国文明城市助力。

（2）欣赏诗歌朗诵《做一个有道德的人》。

（3）集体宣誓——“做一个有道德的人”。

宣誓词：从我做起，从现在做起。在家庭，孝敬父母，做个好孩子；在学校，尊师敬友，做个好学生；在社会，奉献爱心，做个好公民。做个有道德的人。

设计意图：公民的道德行为最终的落脚点是社会。以创建全国文明城市为契机，通过朗诵诗歌浸润心灵，让铮铮誓言表决心的体验活动入心、入情。

四、总结

通过大家的表演及参与，我们真正体会到道德就是一份对社会和对他人的责任，也是一份对自我的勉励。大家既列举了一些日常生活中缺乏公德、不讲文明的例子，也讲了一些值得我们学习的好人好事。

同学们，俗语说，一滴水可以折射出太阳的光辉。同样，我们随便的一句话、一个动作乃至一个眼神，都展现着一个班、一所学校的学生总体素质，展现着一座城市市民的总体素质，展现着一个地方公民的道德水平。我真心希望同学们能够以这次创建全国文明城市为契机，努力提高自身的道德修养，做一个讲文明、有道德的好学生，使争当有道德的人真正成为家庭、学校及社会一道又一道亮丽的风景线！

【活动反思】

做一个有道德的人是做人的基本准则。培养学生的道德意识，帮助他们树立正确的人生观、价值观和世界观，让他们成为社会的栋梁，是教师必不可少的一项工作。

本活动力求从家庭、学校、社会三个方面进行引导，具体从孝敬父母、尊师敬友、奉献爱心等方面展开实施。体验式活动中的人物、情节、游戏、朗诵等都是大家耳熟能详的，且符合六年级学生的年龄特征和认知规律。在三个层次的活动中，我对“孝敬父母，做个好孩子”这一部分进行重点体验。因为家庭教育是道德教育的起点，一个人道德品质的形成往往是从家庭教育开始的。本环节的设计内容相对其他部分更丰富一些，体验活动形式更多样一些，辐射的范围也更广一些。这也是首先开展这一活动的主要原因。

总之，本设计充分调动学生视觉、听觉、触觉、感觉等多种感官，让学生在活动中体验，在体验中成长。通过一系列的体验活动，做一个有道德的人已浸润学生的心灵。正如誓言所说：在家庭，做个好孩子；在学校，做个好学生；在社会，做个好公民。

我是班级小主人，我的岗位我做主

——小学六年级体验式班会活动设计

深圳市龙华区龙华中心小学　叶元梅

【活动背景】

现在的孩子大多为独生子女，有强烈的自我意识，但自理能力及责任感比较差，主要体现为学习态度不端正、集体荣誉感较差、以自我为中心、不关心同学、不关心家庭成员、同学之间不团结互助等。这样不利于孩子健康人格的形成，也会影响其交际能力。为了让孩子们学会与自己及他人相处，班级决定召开“我是班级小主人，我的岗位我做主”的主题班会。通过对班级岗位职责的担当，提高他们的主人翁精神及爱岗敬业的意识，培养其责任感。

【活动目标】

（1）发挥自主能动性，充分挖掘潜能，增强集体荣誉感。

（2）加强对爱岗敬业的认识，增强责任感和主人翁意识。

【活动准备】

（1）分发、收集关于岗位职责的调查问卷。

（2）学生收集了解爱岗敬业的表现，小组讨论岗位设置、轮换及评价方案。

（3）岗位情景剧编排。

【活动过程】

破冰活动：同心协力。

设计意图：通过活动的活跃气氛，调整学生的状态，使学生快速融入集体。

一、岗位小明星

（1）小组代表轮流发言，说说组内收集了解到的身边尽职尽责的小明星，描述他们的主要表现。

（2）记录员记下值得大家学习的关键词，粘贴在黑板上。

（3）主持人总结板书关键词。

设计意图：让学生学会观察，留意身边的人和事，发现别人的优点和长处，给自己树立学习的榜样。深入了解作为一名小学生，该从哪些方面入手，践行爱岗敬业的社会主义核心价值观。

二、明确岗位设置

小组解说各自的岗位设置方案。

1. 岗位确认

根据教师公布的空缺岗位范围，由班委负责，在班上征集不同范围的岗位名称和职责，在整理筛选的基础上，确定相应岗位，以抽签的方式让学生认领自己的新岗位。

2. 履行职责

举办隆重的“上岗就职”仪式，由抽签的学生给自己的岗位取一个自己喜欢的名字，然后制定出相应的岗位职责并向大家介绍。

3. 过程管理

岗位确认后，提出工作要求：每天做、坚持做、认真做，并将岗位分工表打印好后张贴在教室的指定位置，以便查看。有特殊情况无法到岗的，负责人及时协调人员更换，确保人人有事做，事事有人做。

4. 岗位轮换

岗位一学期轮换一次，学生也可以申请继续留岗。岗位轮换可以自主报名，教师合理协调。

5. 岗位评价

每周五开会总结班干部工作落实情况，引导每位学生更好地履行职责。每月底，根据班干部的日常检查记录，通过全班口头评议，评选出当月的“岗位小能手”。

设计意图：岗位确认环节旨在将更多的自主权交给学生，隆重的上岗仪式可使学生进一步明确应尽的职责，增强学生履行岗位职责的使命感和神圣感。人人有岗的方式，给学生搭建一个自我展示的平台，可以增强学生的责任感和归属感。

三、岗位情景剧

由5位主演及5位群演，分别表演5个不同的情境。

（1）关于纪律的，主要突出某班干部爱岗敬业、管理有方。

（2）关于考勤的，展示某班干部的大公无私。

（3）关于作业收发的，展示某班干部的刚正不阿。

（4）关于班长的，展示正、副班长的相互配合、相互补位。

（5）关于课间跑操的，展示班干部的认真负责。

设计意图：通过喜闻乐见、幽默风趣的情景剧，学生们看到了各岗位负责人的用心和尽职尽责，真切感受到了爱岗敬业的意义。

四、公布问卷调查结果

（1）出示问卷调查的结果，主持人宣读以下几项内容：表示自己在岗位履职方面没有困难的学生占比，工作与学习时间相冲突的学生占比，经常忘记履职的学生占比，对岗位履职满意的学生占比，等等。

（2）学生谈自己的感受和想法。

（3）教师小结。

设计意图：通过岗位测评结果分析，学生更加理性客观地认识了班级岗位履职情况，也进一步思考自己以往在岗位履职过程中的优点和不足，激励并督促自己总结反思，在岗位履职方面再接再厉。

【活动反思】

学生习惯的培养和个人品格的养成，需要循序渐进、常抓不懈、持之以恒。希望这次主题班会能让学生们由他律向自律转变，不仅要做班级的主人，更要做自己人生的主人，通过活动内化自己爱岗敬业的社会主义核心价值观，争做一名德才兼备的小学生。

做时间的主人

——小学六年级体验式主题班会设计

深圳市龙华区第二实验学校　朱淑辉

【活动背景】

合理地安排、有效地管理自己的时间，这是一种能力。对于六年级的学生来说，他们已经具有一定的时间观念，但是能否做到合理安排、利用自己的时间，这是一个摆在学生面前的实际问题。面对小升初的升学压力，每门学科的学习任务都会比较重，时间对于学生来说就显得特别宝贵。让学生体验时间流逝得飞快，结合自己的实际情况合理安排时间，并且学会有效利用零碎时间，真正做时间的主人，势在必行。当然，养成珍惜时间、合理利用时间这一好习惯，会让学生受益终身。

【活动目标】

（1）认识时间的重要性。

（2）感受做不同事情的时间的速度完全不同，从而学会合理利用时间。

【活动准备】

课前把课桌椅搬移到教室左右两边靠墙，中间留出足够的空位让学生活动。

【活动过程】

一、谜语导入

世界上最快又最慢，最长又最短，最平凡又最珍贵，最易被人忽视又最令人后悔的是什么？（时间）

二、游戏体验中感受时间的快慢

（1）每名学生可以单独（也可以找伙伴一起）设计一个有意思的、有创意的动作，定格两分钟。

（2）现在开始自由活动，放松两分钟。

（3）采访学生对这两次不同的两分钟有什么不同的感受。

设计意图：通过游戏让学生体会到相同的时间让人感觉到时间的速度是不同的，就看你在做什么，从而让学生知道不仅要珍惜时间，还要合理利用时间，做有意义的事情。

三、现场测试：一分钟我们能做什么

（1）别人一分钟能做到的：一分钟可阅读五六百字的文章；一分钟可浏览一份日报；一分钟可打字50～80个；一分钟可读70个单词；一分钟可跑400米左右；一分钟可做20多个仰卧起坐；一场球赛的胜败往往就在最后一分钟甚至几十秒中决定。

问：一分钟能做的事多吗？那么我们一分钟能做什么呢？

（2）凤凰台上凤凰游，凤去台空江自流。吴宫花草埋幽径，晋代衣冠成古丘。三山半落青天外，二水中分白鹭洲。总为浮云能蔽日，长安不见使人愁。（这首诗学生们都没有背过，起点都是一样的）看看自己一分钟能背诵几句，教师计时；再出示一组生僻词语（觊觎jì yú、龃龉jǔ yǔ、囹圄líng yǔ、魍魉wǎng liǎng、纨绔wán kù、鳜鱼guì yú、耄耋mào dié、饕餮tāo tiè、痤疮cuó chuāng、踟蹰chí chú、彳亍chì chù、谄媚chǎn mèi、蹀躞dié xiè、肄业yì yè、孑孓jié jué、旖旎yǐ nǐ），看看自己一分钟能认识几个词，教师计时。

（3）现在你觉得一分钟能做的事多吗？请学生谈谈。

设计意图：让学生感受一分钟的重要性，体验一分钟也能做很多事情。

四、合理安排、管理时间

（1）让学生写写可以利用零碎时间做些什么。

（2）认识自己，了解自己的生物钟，把握好自己的时间，用自己做事效率最高的时间点做有意义的事情。

（3）教师总结。本节课，我们一起从游戏中感受到时间的快慢，验证了一分钟也能做很多有意义的事情，从而懂得时间的重要性，学会合理利用时间，真正做一名“时间的小主人”。

设计意图：认识自己，学会利用零碎时间，制订合理的时间计划表，从而让学生做到忙中有序，忙而不乱，真正做一名“时间的小主人”。

【活动延伸】

制订自己的时间计划表。

【活动反思】

整个班会过程中，学生们在体验和玩乐中感受了时间流逝的快与慢，在体验中明白原来一分钟也能做很多事情，就看自己能不能集中精力去完成。让学生学会利用零碎时间做有意义的事情（学生们写了利用零碎时间可以和知心朋友聊天；可以看书、写作业；可以背单词；可以听广播；可以画一张画；可以与自己父母玩耍；可以背古诗；可以为班级服务，捡一捡地上的垃圾或者帮忙擦黑板……），鼓励学生利用时间做有意义的事情，不让时间白白流逝。本节课做得不够好的地方是班会超时了，没有很好地控制时间。

放飞理想，寻梦启航

——中学七年级体验式主题班会设计

深圳市龙华区龙华中心小学　邹燕舞

【活动背景】

理想是人生努力与奋斗的目标，如航程的灯塔，指引前行的方向；理想是克服一切困难的动力，给人勇气与力量；理想是有力的精神支柱，让人充实、坚忍。理想与信念的力量是巨大的、无穷的。但不少七年级的学生却漫无目的，行为懒散，眼神迷茫，学习没方向，心中无理想，日子浑噩过，凡事不带劲，甚至出现情绪低迷、个性偏执或作对现象。为此，教师焦心，家长着急，需要找到一个能提纲挈领的有效突破口以解决问题。

【活动目标】

（1）了解人人皆有志向，明确自己的方向与目标。

（2）激活内在动力，树立人生理想，在心中筑梦，在行动中寻梦。

（3）激发克服困难的勇气与自信，坚定信念，心朝理想，勠力前行。

【活动准备】

（1）调查和了解学生的志向与理想，学生制作梦想卡。

（2）了解并收集家长的寄语与期望（手写稿、微信截图或小视频）。

（3）将全班座位围成两个同心圆。

【活动过程】

热身活动：职业串串说。

“三百六十行，行行出状元。”学生以冰糖葫芦串的形式，一个接一个地快速报出一个自己所知道、所向往的职业名，不与他人重复或雷同，击掌通过。

设计意图：通过热身活动，营造轻松氛围，让大脑活动起来，拓宽职业选择范围，扩大理想版图，为开展下一个环节做充分的铺垫。

一、头脑风暴——理想人人谈

（1）一个话筒，两圈传递，学生说说自己的理想，并说说为什么。

（2）学生们围坐成两个同心圆圈。从教师开始，每个人谈自己儿时的理想，话筒逐一传递，以头脑风暴的方式说出自己心中的理想，并说明树立此理想的原因。安排两名学生记录大家的理想。

二、击鼓传花——理想知我心

（1）击鼓传花，鼓停花止。多媒体屏幕上出示得花者亲手制作的梦想卡。全班分享他的梦想卡与“心语星愿”。

（2）有迹无痕地针对理想缺失的小部分学生，展示事先准备好的其家长寄语与期望，有手写稿、微信截图、小视频，感受父母寄予的期盼之心，及时审视自己的行为，树立理想。

（3）师生小结：人人心中皆有梦，都有对未来的向往与前行的方向。树立理想，规划人生，未来有了方向与目标，内心才变得充实。

设计意图：营造轻松平和的气氛，在同伴的感染下，每个人激发起心底的梦想萌芽，擦出理想的火花，启发对未来人生的思考，为前途找到方向与动力，并坚定理想，端正行为与态度。

三、且书且画——构思寻梦路

（1）发给每人一张白纸，在白纸上书写理想，并策划自己一步一步地寻梦之路，明确自己预计付出的行动，可书可画，图文并茂。

（2）挑选代表展示寻梦图，分享寻梦路，启发众生如何寻梦，如何规划。

（3）故事思辨：目标与行动不一致时，该如何？

听故事《南辕北辙》，思考：假如你就是那个人，当行动与目标不一致时，自己却不自知，你该如何？

（4）师生小结：理想需要行动，寻梦需要努力，圆梦需要规划。

设计意图：指导学生将理想化为具体的行动，通过行动与努力去一步步实现目标，接近理想，从而改变自己的行为，坚定自己的信念，规划自己的人生。

四、小组活动——清理路障石

（1）故事分享：《愚公移山》，学习愚公不达理想目标不罢休的执着精神。

（2）小组交流寻梦路上的最大障碍。在寻梦路上必然会遇到麻烦，有困难，有阻碍，也有疑惑，你最大的路障是什么？

（3）小组讨论：如何清理这些路障？寻找更多办法。

（4）启智游戏：打开同桌握紧的拳头。

（5）游戏内容：同桌两人，一人握紧拳头，一人想办法打开对方的拳头，成功打开为赢方。目的：启发学生，别把困难当敌方，换个角度，转化身份，握个手，困难就迎刃而解了。

设计意图：通过此环节，让学生明白，追寻理想的路上，遇到困难很正常，关键是把问题提出来，把办法找出来。办法总比困难多，坚定信念，一个一个地克服困难，“寻梦号帆船”才能乘风破浪，成功抵达理想的彼岸。

五、活动总结

七年级学生十二三岁，美丽梦幻般的年纪，正是播种理想种子的季节。让我们心中有理想，脚下有行动，放飞理想去寻梦，去追寻天边那轮皎洁的圆月吧！

【活动延伸】

行动派：放飞理想，开始寻梦的第一步——做计划。

实力派：结伴而行，组建“理想朋友圈”，互联网上你我共追梦。

【活动反思】

理想是个老生常谈的问题，看似平常，但确实很重要。理想与信念的力量是无穷的，当每个人心底里的渴望被激发出来，当一个人能与大家结伴追梦，当内心树立起理想的灯塔时，人的行为与状态都会随之发生变化，充满希望与活力，看到了未来与美好。此次主题班会开展得趣味横生，既用新颖的形式打破了班会课的枯燥模式，又用别样的内容增添了此类班会课的趣味，让“高大上”的理想变得清新自然、真实而明确。

最关键的是，这次班会能提纲挈领地理顺许多小问题，以一带全，从精神上引领七年级学生找到自己的方向与坐标，从措施上为他们提供诸多切实可行的方法。此班会课少了“假大高”的口号，多了“精准实”的行动。希望我们在主题班会这条路上越走越轻松，越上越喜欢，因为，我们看到了学生的变化，看到了信心与希望，这也是一种理想与信念！

冥冥之中自有道

——中学七年级体验式班会活动设计

深圳市龙华区教育科学研究院附属外国语学校　陈小凤

【活动背景】

教育部印发的《大中小学劳动教育指导纲要（试行）》中指出，劳动教育要强调身心参与，注重手脑并用，让学生面对真实的生产生活，亲历实际的劳动活动，善于观察，注重运用所学知识解决实际问题，提高劳动质量和效率。劳动还要继承优良传统，彰显时代特征；充分发挥传统劳动、传统工艺项目的育人功能。因此，本活动通过学习中国传统文化里的泡茶技艺，让学生正确认识劳动创造价值、创造美好生活的道理。

七年级学生从小学进入到中学，面临着新的环境，对周围的新鲜事物非常感兴趣，有好奇心，求知欲极强。学生在电视节目中看过茶艺表演，但对茶艺、茶文化并不十分了解。现代互联网信息发达，七年级学生能运用互联网收集整理信息，通过各种感官，动手动脑，探究问题；能用适当的方式表达，通过交流探索完成任务。

【活动目标】

（1）认识茶具及其用途，了解茶的种类。

（2）掌握泡绿茶的基本步骤，并动手泡若干杯绿茶。

（3）体会泡茶的乐趣，增强服务他人的意识，感受到祖国文化的绚烂多彩。

【活动准备】

1. 学生准备

（1）在家品尝家长泡的茶，和家长一起讨论："你喝的是什么茶？属于什么种类？产地是哪里？喝过以后有什么感觉？"利用互联网搜一搜茶的种类。

（2）将家里自己喜欢的茶叶和家里的茶具带到学校，注意将茶具包装好以免破损。

2. 教师准备

茶叶、茶壶、茶杯、茶盘、茶道组合、电水壶等，利用互联网下载视频，制作课件。

【活动过程】

一、谈话导入，引出茶趣

（1）上星期老师布置了一个任务，让同学们回家品尝爸爸妈妈或者是爷爷奶奶泡的茶，有谁能把自己品茶的经过和了解到的有关茶的事情与大家一起分享？

（2）学生分享。

设计意图：让学生主动分享，直揭课题，提高学生的学习兴趣。

二、观察思考，了解茶具

（1）学生互相观察各自带来的茶具，分辨泡茶的道具：茶杯、茶壶、茶叶罐等。引导学生说出茶壶的材质，如紫砂茶壶、玻璃茶壶、瓷茶壶。

（2）多媒体课件展示更多的茶具类型：茶盘、盖碗、公道杯、过滤网、赏茶荷、养壶笔、茶巾、茶针、茶道组合、茶宠、水盂等。

设计意图：考察学生的观察能力，认识更多的泡茶道具，拓展学生的知识面。

三、设计方案，认识茶叶

（1）观察同学带的茶叶和老师准备的茶叶，说说它们的名字、形状、颜色以及味道。

（2）播放视频，了解茶叶生长、采摘、加工及冲泡的过程。

（3）拓展茶叶的产地并列举代表产品，介绍广东本土名茶——凤凰单丛茶。

（4）小组研讨，确定泡茶的步骤。

设计意图：在了解茶文化的同时，让学生自主探究，做学习的主人，调动学习的积极性。

四、动手实践，品味茶香

（1）教师示范泡茶，学生认真听和记录。

（2）请学生动手，尝试泡茶。

（3）在等待时，教师讲解斟茶的讲究。

我国历来就有“浅茶满酒”之说，茶不斟满表示对客人的欢迎。如果茶水太满的话，容易溢出，既不美观也容易烫到客人，有失礼节。那么你来猜一猜到底应该斟入多少合适呢？学生猜测。教师引导，民间有句谚语叫作“七分茶三分情”，表现中国人内敛谦让的品格。所以斟茶一般为七分满。

（4）品茶。请学生先闻茶香。端起茶杯闭上眼睛闻一闻，你闻到了什么？

（5）再请学生分三口品茶。通过这三品，你品出了什么？

设计意图：让学生动手实践，掌握泡茶的基本步骤，同时细细品味茶的味道，茶的味道清新淡雅，非细细品味不可。学生们平时不饮茶，也没有用恰当的语言形容过茶的味道和饮茶时的感受。这次活动既锻炼了他们的动手能力和语言表达能力，又让他们深入体会了茶的味道。

五、分享成果，传承茶道

（1）通过学习，我们知道了茶具的名称、茶叶的分类及制作等相关知识。你对泡茶的步骤还有印象吗？谁能用简单的语言概括出来？学生交流。

（2）教师总结。在淡淡的茶香中我们这节课也接近尾声了，其实泡茶不仅可以修身养性，更能让人身心愉悦，使人能够静下心来品味茶，品味生活。回家后用你学到的泡茶技巧，为父母敬上一杯清香怡人的茶，并跟身边的朋友分享中国的茶文化。

设计意图：鼓励学生将学习到的泡茶技能运用到生活实践中，体会泡茶的乐趣，并传承中国的茶文化。

【活动延伸】

（1）动手实践活动，请学生按照正确的泡茶步骤，给家人泡一杯茶。

（2）制作一张茶叶分类表或者茶文化的思维导图。

（3）结合社会实践活动，自主确定课题，寻访广东非遗——潮汕“功夫茶”。

【活动反思】

中国是世界上最早发现茶和利用茶的国家，对学生进行茶文化的熏陶，可以培养学生对中国茶文化的兴趣，使学生养成健康的饮食习惯。泡茶是中国人从古流传至今的生活习惯之一，但很多学生会喝茶却不会泡茶、品茶，这次活动，让学生在体验中认识茶具，了解茶叶的种类，充分了解泡茶的基本程序和学会享受品茶。通过这四个模块的学习，学生在为祖国文化自豪的同时，锻炼了动手实践的能力和收集整理资料的能力，同时也培养了团结合作的精神。

第二节　家长体验式活动设计

给孩子立规矩

——小学体验式家长会活动设计

深圳外国语学校龙华学校　王　菲

【活动背景】

“不以规矩，无以成方圆。”在中国人的传统教育观念中，给孩子立规矩是必要的。事实上，大部分家庭都给孩子立了规矩，但形式上多为口头提醒和约束，执行起来难，效果不佳。二年级是孩子的习惯、态度从可塑性强转向逐渐定型的重要过渡阶段。他们适应了小学生活，也形成了一定的行为习惯，但自控力不强，情绪不稳定易冲动。这一时期又是孩子树立自信心的关键时期，与父母的关系模式直接关系到孩子习惯的养成，甚至品格的形成。

【设计理念】

大人给孩子立规矩不是为了约束他，而是为了让他更自由。通过立规矩，孩子的规则意识、契约意识逐渐形成，他将成为一个懂礼守纪的好公民。通过立规矩，孩子的自我管理能力、自控力日益增强，他将成为一个自律、优秀的人。

【活动目标】

（1）家长提高对立规矩的认识。

（2）家长了解孩子不守规矩的原因。

（3）家长掌握给孩子立规矩的原则和方法，智慧培养孩子的规则意识和自我管理能力。

【活动准备】

教师准备：针对家长的问卷调查（孩子不守规矩的问题表现、家长给孩子立规矩的情况及效果等）；针对孩子的调查（对家长所立规矩的想法和反应，以视频或书信等形式）。

【活动过程】

一、无规矩，不方圆

（1）体验游戏：每位家长的座位桌上有两张正方形的彩纸。先拿一张彩纸，对折再对折，然后撕下两角，打开，和周围的家长互相展示对比各自的作品。接下来，用另一张彩纸，先上下对折，再左右对折，然后撕下4个角与一边上的两个角连接，打开，再和周围的人互相展示对比各自的作品。

（2）交流感受：家长们畅所欲言，分享游戏感受或心得。

（3）家长小结：将从游戏中获得的感悟和教育孩子相联系，形成共识（游戏要有规则，教育孩子要有规矩），内化于心。

设计意图：撕纸游戏开场破冰，活跃集体氛围；通过无规则和有规则的两次游戏体验的对比冲击，自然聚焦于“规则”“规矩”，引发家长思考，为后面的活动做好铺垫。

二、原来，我们都一样

1. 搞明家长苦恼

结合前期针对家长的问卷调查，展示调查结果。预设：

（1）孩子不守规矩的主要表现：赖床、不好好吃饭、爱玩手机、不整理房间、做事拖拉磨蹭、容易冲动、爱顶嘴等。

（2）大部分家庭都给孩子立了规矩，形式上多为口头提醒和约束，执行起来难，效果不佳。

2. 倾听孩子心声

结合前期针对孩子的调查，播放采访视频或展示书信。

预设：

小A：为什么只有小孩要守规矩，大人就不用了？这不公平。

小B：我爸爸妈妈最怕我哭了，只要我一哭，做什么都行。

小C：爸爸妈妈总是说要我像小H一样厉害，可是我做不到，太难了。

小D：我犯错误的时候，爸爸妈妈发起火来太凶了，吓死人了。

3. 小组交流

两份调查代表两种身份的心声，家长们此刻一定有所思考，有所感悟。由组长组织小组成员畅所欲言，交流想法和感受。

4. 分享心得

预设：

（1）规矩不能只针对孩子，全家都要遵守，只是内容不同而已。

（2）规矩制定了就要执行，父母立场要一致。

（3）规矩设定要求不能太高，要符合孩子目前的发展特点。

（4）家长的情绪管理很重要，吼叫不能解决问题，心态要平和，奖罚要分明。

设计意图：心理学告诉我们，情感共鸣的激发和产生可以转化为知行合一的源泉和动力。通过问卷调查结果呈现，家长意识到“并不是我一个人这样，原来大家都一样”，从而在一定程度上减轻心理上的焦虑和对问题的回避，进而积极地面对问题，并寻找方法解决。

孩子的声音往往被忽视，通过家长会上的视频播放和书信展示，家长严肃认真地倾听孩子的心声，这是良性沟通的开始。

三、别慌！咱们有办法

（1）小组自行认领2个问题（前面问卷调查显示的孩子不守规矩的主要问题表现）。

（2）开展头脑风暴，制订“规矩大计”。利用桌上的大白纸，可用思维导图罗列“金点子”，等等。

（3）小组成员上台分享。

预设：

①不好好吃饭：不过分关注孩子吃不吃、吃多少；规定用餐时间，过时不候；用餐与家务相联系，制定奖惩章程，等等。②爱玩手机：签订手机使用合约，明确使用时间、规则，等等。

（4）专家支招，梳理总结。播放视频（著名青少年心理专家李玫瑾教授关于家长给孩子立规矩的建议）。①规矩与爱要同时进行；②规矩要有针对性；③规矩要清楚，奖罚分明；④身教重于言传；⑤适时总结，谈心交流；⑥适当保证孩子的知情权，让其拥有小主人感。

设计意图：在引发情感共鸣和积极心理的建设基础上，让家长在头脑风暴和思维碰撞中总结出可行办法，更易于接受和践行。

【活动反思】

本次活动的目标明确，就是让家长们逐渐认识到：给孩子立规矩不是为了约束他，而是为了让他更自由。在这个大方向的引领下，设计活动环节，让家长先了解问题、认识问题，最后思考如何解决问题，环节衔接较自然。另外，尊重心理学规律，在活动中引导家长们合作交流，倾听孩子的心声，引发情感共鸣，使得活动效果更为显著。本次活动中的环节设计如能更有巧思、更有趣味，将会更好。自律是自由的前提，希望我们的孩子都能自信快乐地成长，收获真正的自由。

帮孩子合理安排课余生活

——小学体验式家长会活动设计

深圳市龙华区龙华中心小学　郭彩蕾

【活动背景】

合理安排时间，就等于节约时间。当今社会正处在日新月异的发展中，整个社会的大环境推动着新的教育观念蓬勃发展，改变了传统的教育观念。因此，有很大一部分学生奔走于各种各样的补习班或兴趣班，甚至周末或假期时也是忙忙碌碌的，完全没有多余的时间做游戏、会友等，恰如“疲于奔命的小大人”。当然，也有部分父母忙于生计，没多余的精力和时间陪伴孩子，放任孩子看电视、玩游戏、刷抖音等，久而久之，孩子沉迷其中，无法自拔。课余生活是小学生学习生活的重要组成部分，合理利用好课余时间，促进小学生身心的健康发展，是小学生走向成功的重要因素之一。

【设计理念】

懂得合理安排时间的人，是最大的胜者。三年级学生正处在小学教育从低年级向高年级的过渡期，生理和心理都有明显变化，学习上化被动为主动，并开始有自己的想法，但自控能力不强，情绪不稳定，生活经验不足。合理利用时间对孩子来说比较抽象，需要家长指导、规定一些具体活动，使孩子接受并逐渐养成习惯。

【活动目标】

（1）提高对孩子课余生活的认识和了解。

（2）了解孩子课余生活的方式及其原因。

（3）掌握给孩子安排课余生活的方向和方法，培养孩子良好的学习习惯和自我管理的能力。

【活动准备】

教师准备：针对家长的问卷调查（孩子参加校外培训班的情况，参加培训班后孩子各方面以及家庭的变化等）；针对孩子的问卷调查（对哪些方面感兴趣，参加校外活动的情况，是否有效果、幸福感指数等）。

【活动过程】

一、游戏热身

1. 体验游戏：seven up

请家长以顺时针的方式报数，凡报到的数字中含有7、14、21……即7的倍数时，该家长必须站起来拍手，且不可说出此数字，犯规者要接受惩罚，惩罚的内容为和大家分享一件孩子最近让你感到幸福的事。下一轮从犯规者重新开始。

2. 交流感受

家长们畅所欲言，分享游戏感受。

3. 小结

将从体验游戏中获得的感悟和孩子学习时的专注力相关联，无论是信息吸收内化，还是信息输出都需要高度的专注力，学习是一件复杂的事情，专注力也是影响孩子时间安排的重要因素。

设计意图：这个游戏可以起到集中家长注意力的作用，还可以活跃学习气氛，也让家长的思考延伸到孩子学习时注意力集中与否对学习时间的影响方面，使帮助孩子合理安排时间、提高效率有了一个突破口。

二、懂与不懂看调查

1. 家长的筹谋

结合前期针对家长的问卷调查，展示调查结果。

（1）孩子参与多种兴趣培训班，假期围绕着各种兴趣或文化课学习。

（2）“散养式”“放纵式”的孩子有较多充裕的时间，反而沉迷于手机、电子游戏等。

2. 孩子的想法

结合前期针对孩子的问卷调查，展示调查结果。预设：

（1）课余生活充实、有序，有幸福感。

（2）有许多课余活动，一直在学习，但多为父母要求的，几乎没有幸福的感受。

（3）课余活动单一或没有。

（4）常运动，多郊游，每天都玩得很愉悦。

（5）排斥或拒绝多彩的课余活动，网络成瘾。

3. 游戏：课余活动对对碰

出示问题：家长在小卡纸上写上答案。

（1）你的孩子现在的课余生活都有哪些活动？你希望孩子有哪些课余活动？

（2）你的孩子喜欢的课余活动有哪些？

（3）收集每个孩子的资料卡片，卡片内容是孩子回答的问题：课余生活中你喜欢做什么事情？写上两三个。

（4）各位家长当场完成答案，同时教师将孩子的卡片发给各自的家长。

4. 小组讨论交流

（1）讨论：看到你写的和你孩子写的一样，你有什么感受？看到你写的和你孩子写的有很大出入，你又是什么感受？

（2）小结：两份调查，两种声音，直观对比，了解孩子的所思所想，在营造交流的氛围中，兼顾到孩子的兴趣爱好。

5. 分享心得

略。

设计意图：每一个孩子都是独一无二的个体，区别于他人，这样的差异性也造就了孩子兴趣爱好、学习能力等的差别。三年级孩子已经开始有自己的想法，能对自己的学习、生活等发表看法，既跃跃欲试，又忐忑不安。这时家长需要关注孩子内心，陪伴孩子，给予孩子正确的引导。

三、合理安排有方法

（1）小组确定思考问题（围绕两份调查问卷中家长和孩子对于课余生活安

排出现的问题）。

（2）开展头脑风暴活动，合理安排课余生活，或找出解决问题的具体方法。将方法等罗列在大白纸上，可图文并存。

（3）小组成员上台分享。

（4）家长支招。

设计意图：孩子是有思想的个体，是课余生活的小主人，家长在帮助孩子合理安排课余活动的时候，过多干涉、关注或忽视都是比较极端的。家长在思维碰撞中找到可行方法，且思且行。

【活动反思】

本次活动围绕孩子的课余生活如何合理安排开展进行研讨，就是让家长明白：家长在培养教育孩子的过程中，或多或少都会为孩子安排好各项事宜，但是我们是否考虑过孩子的喜好。或许在竞争激烈的当下，我们不认为这样的安排有什么问题，那可否在决定孩子课余生活的时候问一问孩子的需求，适当地协调好呢？

心连心，手拉手，一起向前走

——小学体验式家长会活动设计

深圳市龙华区龙华中心小学　白雪玲

【活动背景】

孩子上了四年级，进入了小学中年级阶段，在这个重要的承前启后阶段，家长和教师之间，家长和孩子之间，已经积累了一些好的成长与沟通经验，当然也存在一些不好的问题。这些不好的问题必须尽快解决，为今后的家校合力开展工作、家长引导孩子健康成长等打下扎实基础，疏通障碍，开辟出通畅之道。

【活动目标】

（1）了解教师工作的复杂性，增进对教师的理解和支持。

（2）了解孩子的心理状态，增加和孩子一起成长的智慧。

【活动准备】

教师准备书写小卡片若干发给孩子，让孩子写下给家长的心里话。

【活动过程】

一、即兴接力写字，比比谁写的句子最通顺

家长分成四个大组，从每个大组第一位家长开始上黑板书写一个字，然后把粉笔传给下一位家长，如此一直传到最后一位家长。同时开始，同时结束，比比哪个大组的家长朋友合写的字组成的句子念起来最通顺。

设计意图：活动伊始，组织家长朋友们做一个小游戏，活跃气氛，增添快乐，拉近家长之间、家长和教师之间的心灵距离，为后面的活动环节奠定基础。

二、育人不易多听听，家校互助一样情

（1）给每位家长派发一张书写卡片，并布置三个问题：①孩子上学以来，老师帮助你孩子做的事中令你印象最深刻的事是什么？②孩子上学以来，老师工作中的哪一件事是你最不理解的？③你希望今后老师能满足你哪一个要求？

（2）以四人为一小组，相互交换卡片，并站在教师的角度相互交流。

（3）请每组代表谈谈感受。

设计意图：这个环节能帮助家长了解到家长们对教师的要求是多样的、细致的，有的甚至是相互冲突的，从而体会到教师工作的不易。站在教师的角度，会更主动而全面地理解教师，增进对教师的信任和支持，为今后家校工作的开展奠定良好的基础。

三、父母孩子心比心，知心才能亲更亲

（1）再次为每位家长发放书写卡片，并布置两个内容：①写一写孩子的优点和缺点，最多只能写五条。②你最希望孩子的变化是什么？写具体一点儿。

（2）将写好的卡片交给同桌家长阅读；提示每位家长朋友在抽屉里取出孩子写给自己的心里话，交给同桌家长读给自己听。

（3）相互说说感受，请几位感触深的家长表达心声。

（4）结语：今天，我们把自己的心都展示在这个大集体中，对于老师以及我们的孩子，我们或许曾有过误解和责难，又或许有几分自责和懊悔，也或许仍然有几分不解和迷茫，但是我想，不论如何，我们都应该努力去站在对方的角度思考问题，这样才能更好地解决问题。无论是老师、家长，还是孩子，我们的目标都是一致的，在理解和支持的前提下，前进的方向会更明确，前进的脚步也一定会更稳健！

设计意图：站在孩子的角度看待成长，是很多家长欠缺的人生课程。因此这个环节就是为家长们提供一个检验自己是否真正了解孩子心灵需求的机会，帮助家长正确认识孩子，为今后亲子关系的健康发展修正观念和行为。特别是家长们把自己和孩子之间的彼此认知与要求展示在彼此面前，更能触动内心，引起深刻的反思和总结。

【活动反思】

如何让家长朋友们更深一步地理解教师，从而支持教师工作，充分发挥家校合作的力量？教师如何帮助家长与时俱进地了解自己的孩子，从而修正自己的教育观点和行为？这些问题的解决是刻不容缓的，但条件毕竟是比较有限的，所以我设计了这样一次家长体验式活动，让家长朋友们在相互的思维碰撞中，体验由换位思考带来的心灵震撼，从而使教师、家长、孩子心连心，手拉手，一起将“一切为了孩子”落实得更顺利、更科学、更有效。

倾听孩子，建立和谐亲子关系

——小学体验式家长活动设计

深圳市龙华区第三实验学校　蔡嘉丽

【活动背景】

日渐成长的孩子，总是能给家长带来许多的惊喜和愉快的瞬间，但也存在各种行为使得家长有许多的疑惑和不知所措，我们可以通过了解孩子行为背后的原因，情绪产生的根源，来探索他们的内心世界，从而找到更好的沟通方式，建立和谐的亲子关系。为了让父母能够更好地理解孩子、引导孩子、教育孩子，我设计了此次家长会体验式心理活动：倾听孩子，建立和谐亲子关系。

【活动目标】

（1）家长能够了解倾听的意义，通过倾听的方式了解孩子的需求，更好地帮助孩子建立自信。

（2）家长通过活动掌握倾听的技巧，用尊重的态度去倾听孩子内心的声音，了解他们的需要。

【活动准备】

（1）调查了解家长的教育（教育子女）困惑，在倾听孩子心声方面存在的误区等。

（2）调查了解孩子的需求，深入了解孩子心理，研究解决问题的对策。

（3）创设相关的情境体验，根据情境现象激发家长思考，在课程中与家长一起制订相应的辅导策略，为后续活动做准备。

【活动过程】

一、活动导入：创设情境，营造氛围

1. 活动准备

播放情境视频（或者PPT），选择志愿者家长参与活动。

2. 情境背景

放学回来的小明很生气地说："我要和同桌小刚绝交！因为他不借我彩色笔。"

这个时候有三种预设的家长回答：

（1）"没关系的，同学之间互相帮助，你明天和他说一下就好了。"（忽略孩子的情绪）

（2）"小刚不借，我们下次找别的同学借就好了。"（忽略孩子的情绪，没有引导孩子自己解决问题）

（3）"没事没事，小事一桩，我们要大方点。"（大人的主观道德评价）

3. 家长分享、交流

（1）"当事人"家长表达自己的观点，认为表达的方式如何。

（2）其他家长交流、分享。

设计意图：创设情境的方式引导家长一起参与、体验不同的反应对孩子造成的不同影响，引导家长反观自己的教育模式。

二、活动展开：引出主题，激发兴趣

回顾情境中家长的三种回答，并予以评价。

引出：正确地倾听孩子的心声，倾听他们的情绪、感受、需求。

如何倾听？

1. 自身状态

全神贯注。（放下手上的事情，专注倾听）

2. 关注孩子的情绪、感受、需求

（1）共同剖析孩子的问题，关注孩子所产生的情绪、想法背后的原因。

小明为什么生气？可能是：①小明和小刚很要好，很期待朋友的互相帮助。②妈妈、老师的教育是要分享，但是小刚没有做到，小明受到了冲击。③小明上次借给了小刚，这回他不愿意借，小明感觉受到了不平等的待遇。④……

（2）了解孩子对这件事情的看法，家长可以以复述的口吻，再一次描述孩子对这件事情的看法，继而引导他表达自己的观点。①我能感觉到你很生气，因为……（复述）；②妈妈/爸爸知道你很在意小刚，所以才会这么生气，对吗？（认可情绪，宣泄情绪）；③那你对小刚的做法有什么想说的吗？（深入分析问题）；④现在你这么生气，你下一步打算怎么办呢？（引导问题的解决）；⑤需要妈妈/爸爸给你点意见吗？（询问）

引出倾听原则：尊重孩子、不指责、不评判。

设计意图：教师和家长一起以孩子的平行视觉共同去思考孩子的行为背后可能有的情绪体验或者诉求。当成人愿意“蹲下来”看孩子，倾听他们内心的声音的时候，已经跨出了很重要的“站在孩子的角度看问题”的一步。

三、活动深入：专注倾听，深入主题

1. 小结倾听的四个要求

（1）了解孩子行为背后的原因。

（2）专注倾听孩子表述的内容。

（3）感同身受地去体验孩子表达时的情感。

（4）不指责、不批判孩子的想法、情绪。

2. 现场实操

（1）放学回来的小明很生气地说：“我要和同桌小刚绝交！因为他不借我彩色笔。”

（2）这个时候你会怎么说？（围绕倾听的四个要求）

现场教学互动，教师边组织示范：让家长们亲自体验倾听的重要性和感受，并学会使用恰当的表达方式。

3. 举一反三

（1）例：孩子迫切地想要玩电脑，着急得差点儿和你争吵起来……

（2）合理倾听，正确表达的参考句式为：①我能感觉到你很……，因为……（复述）；②妈妈/爸爸知道你很在意……，所以才会这么……，对吗？（认可情绪，宣泄情绪）；③那你对……有什么想说/想做的吗？（深入分析问题）；④现在这么……你下一步打算怎么办呢？（引导问题的解决）；⑤需要妈妈/爸爸给你点意见吗？/我们可以尝试这样做……你看可以吗？（询问）

设计意图：引导家长一起体验情境下的处理方式，用倾听的技巧去处理孩子的问题，通过模拟练习，初步构建良好的亲子沟通模式，并形成良好的集体氛围和互相支持的同伴力量。

（3）例：和孩子出门在外，他很想买一件玩具，犟着不肯走……

（4）合理倾听，正确表达的参考句式（拒绝时）为：①我能感觉到你很……，因为……（复述）；②妈妈/爸爸知道你很在意……，所以才会这么……，对吗？（认可情绪，宣泄情绪）；③可是我们家有很多玩具了，怎么办呢？（深入分析问题）；④现在这么……你下一步打算怎么办呢？（引导问题的解决）；⑤需要妈妈/爸爸给你点意见吗？/我们可以尝试这样做……你看可以吗？（询问）

（5）拒绝的原则：立规矩、讲规则；温柔且坚定；不伤己、不伤人（不打不骂、不吼叫）。

如果孩子为此而哭闹，可以尝试握手、拥抱，肯定其伤心、难过的情绪，并加以鼓励，如“我知道你很难过，很想要，但是我们家里玩具太多了，这次不能买，等攒够了‘小星星’我们再买，我相信你能攒够的，对吗？和它说声再见吧。”

设计意图：反复强化练习，在不同情境中激发家长的教育机智，群体中同伴间的互帮互助可以为有效亲子沟通的形成奠定良好基础。

四、活动小结：总结提升，巩固主题

（1）正确地倾听孩子，倾听他们的情绪、感受、需求。

（2）倾听原则：尊重孩子、不指责、不评判。

（3）倾听的四个要求：①了解孩子行为背后的原因；②专注倾听孩子表述的内容；③感同身受地去体验孩子表达时的情感；④不指责、不批判孩子的想法、情绪。

（4）拒绝的原则：立规矩、讲规则；温柔且坚定；不伤己、不伤人（不打不骂、不吼叫）。

【活动反思】

做智慧型父母需要家长首先以孩子的视角去感受孩子的情绪体验，再以孩子的思维去思考他的处境与需求，这样更有助于家长换位思考。有了第一步换位思考就能为后续的问题处理提供耐心、平静的心态，因为家长已愿意接纳孩子的情绪了，这个特别重要。再运用好倾听的三原则（尊重孩子、不指责、不评判）去处理孩子的问题，我们会发现亲子关系比以前和谐了，孩子也越发热爱自己、热爱家人，逐步变得独立、自主、自信起来，这在很大程度上得益于家长的情绪认可、情感接纳。

成长之昨天·今天·明天

——小学体验式家长活动设计

深圳市龙华区民治中学集团民顺小学　綦群菊

【活动背景】

“少年智则国智，少年强则国强，少年雄于天下，则国雄于天下。”少年儿童是国家的未来，是家庭的希望。当今社会的主要矛盾是人民日益增长的美好生活需要和不平衡不充分的发展之间的矛盾，因此龙华区教育局提出“积极教育”理念，坚持开展“民师进民校”活动，大力推动公办和民办学校和谐发展。很多家长由于工作节奏快，生活压力大，疏忽了对孩子的陪伴与教育，以致出现了不少所谓的“问题孩子”，而物质文明的蓬勃发展，势必推动人们对更高质量的精神生活，包括优质学校教育、良好家庭教育的渴望。

“教育者，养成人格之事业。”要想将这一教育理念知行合一地落到实处，必须让家长成为教育的同盟军，因为家长是原件，孩子是复印件，家庭是孩子的根。

基于这一认识，本次活动主要通过“成长之昨天·今天·明天”的四个环节，循序渐进地引导家长认识到只有家长改变了，孩子才能改变；家长进一小步，孩子就能进一大步。

【活动目标】

（1）深刻认识到孩子今天的一切特质都与父母的养育方式息息相关。

（2）避免不良的养育方式，成为滋养型父母。

（3）家校从合作走向融合，共同给孩子创造出成长的优良环境。

【活动准备】

1. 访谈孩子，进一步了解亲子关系及孩子们的内心需求

（1）家庭动物园，了解家庭关系：如果家庭像一个动物园，你觉得爸爸、妈妈、自己分别像什么动物？为什么呢？请写（画）下来。

（2）请孩子写愿望清单，以了解孩子的需求：对父母、对自己、对他人，你有哪些愿望呢？请写（画）下来。

2. 体验游戏所需的教具

眼罩、白纸、铅笔、马克笔、凤尾夹等。

【活动过程】

一、成长之今天——我的孩子怎么样？

略。

设计意图： 家长通过活动认识到，孩子每一个“非正常”的表现背后都有一个正当理由，他们是在呼唤成人的关注以帮助他们更好地宣泄，从而获得最好的康复（图5-2-1、图5-2-2）。

图5-2-1　爱与奉献

图5–2–2　破坏性批评、自我批评、承担责任

二、成长之昨天——我的孩子怎么了？

1. 初探原因

家长们分组探讨孩子呈现今天这种状态的原因。

2. 体验游戏：蒙眼作画

（1）作画：主持人用语言描述，家长蒙着眼睛将他们所听到的内容画出来。

设计意图：我们希望自己的孩子有聪慧的头脑、善于倾听的耳朵、弯弯的眉毛、炯炯有神的眼睛、高高的鼻梁、能说会道的小嘴、健康的身体、灵活的双手、长长的腿。

（2）找画：把画打乱顺序，让家长们去找自己的画。

（3）悟画：为何明明是按自己的心意画出来的，而画出的画却连自己都不认识了呢？为何每个人听到的都是同样的描述，而画出的画却是不同的呢？

3. 深究原因

孩子就像一张白纸，而父母就是作画的人。描述的这段话就仿佛是我们养育孩子的目标，而蒙着眼睛作画的过程就如同我们养育孩子的过程，虽然我们都有良好的愿望，都深深地爱着我们的孩子，但是由于我们自己画技的不同，最后画出了完全不一样的画；抛开基因不同这个因素，正是因为我们养育方式的不同，所以才养育出了完全不一样的孩子。

4. 了解关系

展示孩子们形容的家庭动物图（图5-2-3）。

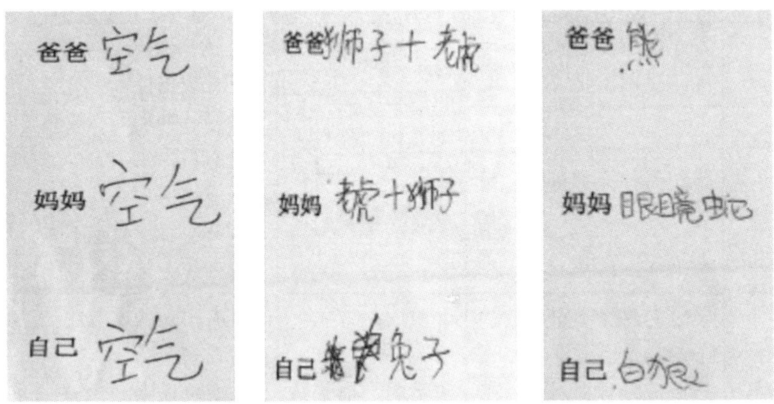

图5-2-3　孩子们形容的家庭动物图

设计意图： 通过活动，反思自己在孩子心目中是冷漠型父母、控制型父母还是放任型父母，认识到不同的教养方式给孩子造成的巨大影响，而良好的亲子关系远远大于教育本身（表5-2-1）。

表5-2-1　父母的类型及对孩子的影响

类　型	父　母		孩　子
	感受、心态	人物代表	具体表现
控制型 只踩刹车	父母的感受重要，孩子的感受不重要 你想做什么都可以，只要一切听我的	虎妈	1.没有目标 2.充满敌意，具有攻击性 3.安全感不足 4.敏感，早熟 5.疏离 6.情绪不稳定，喜怒无常，幸福感匮乏 7.多疑，曲解他人善意 8.自理能力差，自控能力差

续表

类型	父母		孩子
	感受、心态	人物代表	具体表现
放任型 只踩油门	孩子的感受重要，父母的感受不重要 你想做什么都可以，只要你开心就好	妈妈得了癌症，女儿：“你们去医院了，谁给我做饭呀？”	1.自私、飞扬跋扈 2.具有攻击性 3.幼稚、冲动、不成熟 4.没有目标 5.低成就感 6.不开心，幸福感不强 7.自理能力差，自控能力差
冷漠型 不踩刹车 不踩油门	父母的感受不重要，孩子的感受也不重要 你想干什么就干什么，和我没关系	包惜弱、梅芳姑都属于边缘型人格父母	1.具有很强的攻击性 2.缺乏安全感 3.没有责任感 4.自卑 5.容易情绪失控 6.叛逆，不服从 7.自理能力差，自控能力差

三、成长之明天——我的孩子怎么办?

1. 体验游戏：掰开拳头

（1）做游戏：两人一组，A将大拇指紧紧握住，B想尽办法打开。

（2）谈体验：游戏失败者、成功者分别谈游戏体验。

2. 聆听故事：上善若水

一位年轻人因生意失败想跳河自杀，他在河边遇到一位高人，高人将他带回家，搬出很大一块冰，让他劈开。年轻人拿来斧头用力地砍，可是怎么砍都无法劈开冰块，他气喘吁吁地说这冰块实在是太硬了。

高人过来，把冰块放入铁锅中煮，随着温度升高冰块很快融化了。高人问：“你领悟到什么了吗？”年轻人说：“我对付冰块的方法不对，不应该砍而应该用火烧。”

高人摇头，语重心长地说：“我让你看到的，是成功人生里的七种境界。”这七种境界就是：百折不挠、和气生财、包容接纳、以柔克刚、能屈能伸、周济天下、功成身退。

人生如水，水如人生！用斧头砍冰块只会失败，用热量敷敷冰块就自然而然地化开了。

设计意图： 通过活动认识到用简单粗暴的方式管教孩子是无法得到孩子尊重的，哪里有压迫哪里就有反抗；只有用爱与宽容的方式才有可能养育出一个与父母亲近的孩子。正如泰戈尔所说：使卵石臻于完美的，并非锤的打击，而是水的且歌且舞。

3. 了解需求

展示孩子们的愿望清单，真正了解孩子所思、所想、所惑（图5–2–4～图5–2–11）。

图5–2–4　悲观绝望类

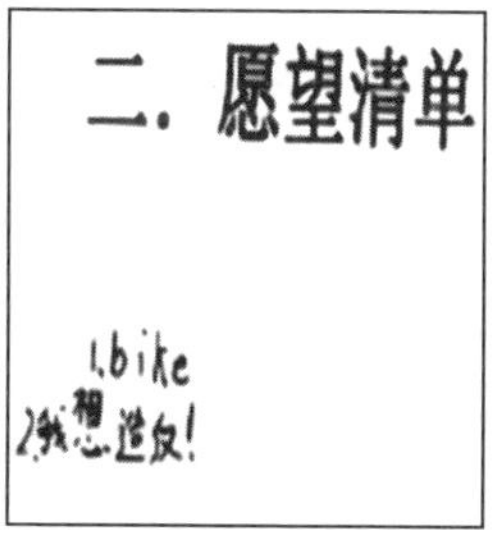

二. 愿望清单

1.bike
2.我想造反!

图5–2–5　情绪爆发类

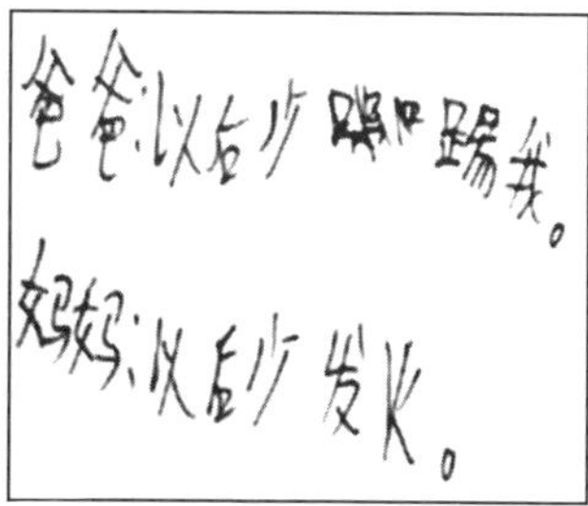
爸爸：以后少骂、踢我。
妈妈：以后少发火。

图5–2–6　呼唤和平类

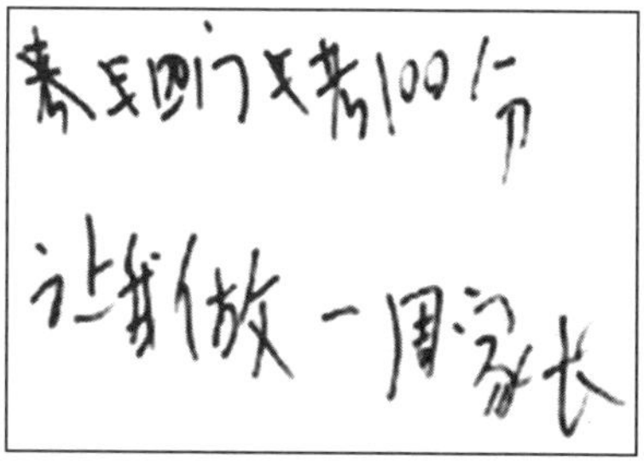

考试四门都考100分
让我做一周家长

图5–2–7　好好学习类

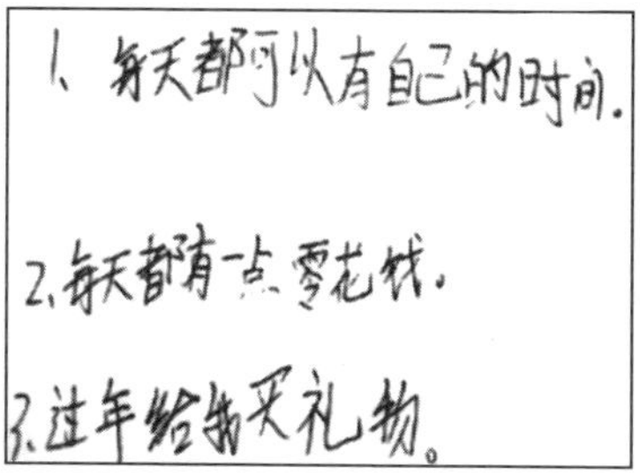

1. 每天都可以有自己的时间.
2. 每天都有一点零花钱.
3. 过年给我买礼物。

图5–2–8　时间自由类

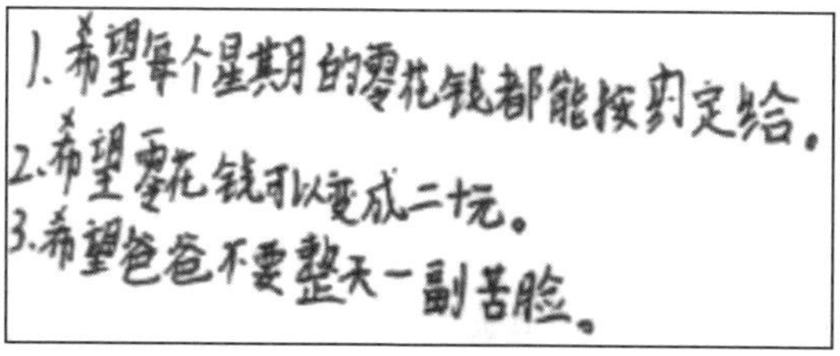

1. 希望每个星期的零花钱都能按时定给。
2. 希望零花钱可以变成二十元。
3. 希望爸爸不要整天一副苦脸。

图5–2–9　物质需求类

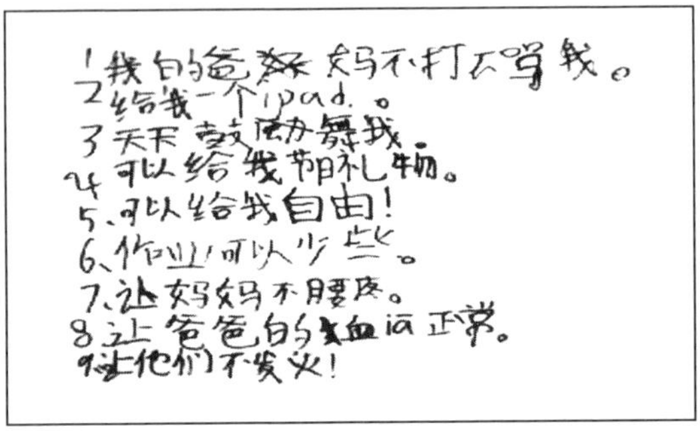

1.我的爸爸妈妈不打不骂我。
2.给我一个ipad。
3.天天鼓励赞我
4.可以给我买礼物。
5.可以给我自由！
6.作业可以少些。
7.让妈妈不腰疼。
8.让爸爸的血压正常。
9.让他们不发火！

图5–2–10　关心父母类

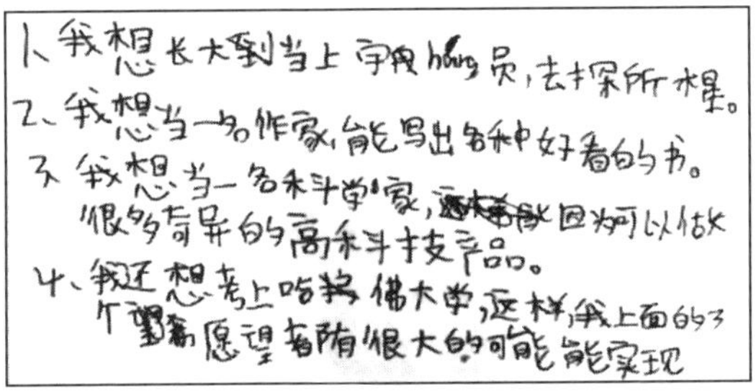

1.我想长大到当上宇航员，去探所木星。
2.我想当一名作家，能写出各种好看的书。
3.我想当一名科学家，因为可以做很多奇异的高科技产品。
4.我还想考上哈佛大学，这样我上面的3个愿望有很大的可能能实现

图5–2–11　抱负高远类

4. 成长目标

家长们设定自己的成长目标——成为滋养型家长，给孩子做个好榜样。

5. 正念游戏：转动腰身

设计意图：通过活动感受到付出必有回报。同样，孩子还是那个孩子，只要我们不断地鼓励孩子、欣赏孩子，那么孩子在正念思维下就会越来越好，也会与家人，朋友，师长更亲近。

6. 学习训练

方法一：温和地坚持原则；方法二：真诚地鼓励赞赏。

例：班级有共同约定，来到学校后，电话手表关机，放入储物箱。一旦违反，手表暂时放老师处保管。有位同学违反了约定，手表被值日班长送到了老师办公室，而这位同学却直接向老师甩出两句话："我的手表呢？""把我的手表还给我嘛！"请各位家长分组讨论，运用以上两种方法来处理这件事情。

我们要敏锐地捕捉到犯错即教育契机，不打骂、不批评，温和地坚持班级约定。可以先借同伴之力，把问题抛给全班同学，请大家一起想办法解决。在同学们的帮助下，让这个孩子认识到为人处世不能情绪化，既要有礼貌，还要

善于想办法。后来这个孩子说："綦老师，对不起，都是我的错，没有考虑到万一不关机就会影响老师、同学们上课，所以今后我一定会先关机再放进储物箱，您能原谅我吗？"当孩子知错就改时，便要真诚地赞赏他，孩子们的潜力是无穷的，只要我们肯相信他们。

人类行为学家约翰·杜威说："人类本质里最深远的驱策力，就是希望具有重要性，希望被赞美。"

四、活动之感想——我该怎么办？

略。

设计意图：家长通过活动感受到要多长一只眼睛，去发现孩子身上的独特之处；要少长一只耳朵，自动屏蔽掉外界纷扰的杂音。家庭有了肥沃的土壤，孩子才能长成参天大树！

【活动反思】

通过这次体验活动，家长们深刻认识到孩子今天的一切特质都与自己的养育方式息息相关，今后要避免不良的养育方式，要成为滋养型父母，要与学校从合作走向融合，共同给孩子创造出成长的优良环境，培养出优秀的孩子。

家庭教育专家伍罡老师说："熟悉规律，料敌在先是享受；一知半解，仓皇应对是忍受；不懂规律，无计可施是难受；违背规律，倒行逆施是'怪兽'。"单靠一次活动，效果是不明显的，还需要持续关注与跟踪家庭教育方式，所以建议各学校、各社区都成立父母成长学院，开展系统性的课程与活动，让家长们真正熟悉孩子的成长规律。

此次活动面对的学生是来自博文学校一至八年级，年龄6～13岁不等，不同年龄层的孩子家长关注点不一样。为了让家长们在分组讨论时有较多的共性问题，下一次活动是不是可以考虑在同一个年级开展，这样学生覆盖面可以更广一些，受益群体可以更大一些。

第三节　教师体验式活动设计

名声飞扬

——新教师入职教育体验式活动设计

【活动目标及意义】

为新教师在入职初期与团队成员相互认识提供机会。在入职教育开始阶段，团体处于形成期，利用有趣味、亲和力的活动或游戏，在体验式游戏中，让教师们彼此熟悉。此阶段的顺利实施有助于新教师团队雏形的形成，并可以有效推动后续团队沟通与合作行为的产生。

【参与人数】

20人左右。

【活动准备】

（1）器材选择：选用不同形状、不同颜色的小物品，如球、玩偶等，充当活动中的发生器。

（2）场地选择：室内或室外均可。

【时间设置】

20分钟为宜。

【活动流程】

（1）请所有参与活动的教师围成一个圈，大家轮流进行自我介绍，你想在活动期间让大家怎么称呼你，姓名、小名或者其他昵称都可以告诉大家，然后分享你家乡的一种小吃和一件让你最开心的事情。

（2）所有教师介绍完毕后，活动引导员将发生器发给其中的一名教师。

（3）拥有发生器的教师可以将其递给其他任一教师，并且说：你好，某某。接到发生器的教师也要说：谢谢，某某。以此循环，直到每个人都发言一次。

（4）引导员可以在确认活动内容熟练后，增加发生器的数量，使教师得到更多互动的机会。

（5）引导员可以在适当的时候停止活动并收回发生器。

（6）引导员可以指定2名教师作为志愿者，并且让他们依次说一下所有成员的名字。有时可以增加点难度，比如请大家重新排列下位置后再说出大家的名字。

【活动变化】

（1）组内教师在自我介绍时，可以在名字的前面加上表示自己的兴趣或个性的修饰词，如热情的某某、温柔的某某等，这样可以更好地增进新教师间的了解。

（2）活动可以由引导员开始，再将发生器传递给下一个教师，该教师应该先复述引导员的名字，然后再自我介绍，之后再以此传递。例如，第三个教师要复述第二个教师的名字后再自我介绍，如此反复。

（3）教师围成的圆圈可大可小，以适应人数的变化，同时能够增加新教师之间的互动。

（4）如果教师之间彼此熟悉的人数较多，则可以采用以物品代表成员的方式进行活动，如某一教师将物品抛出后，接到物品的教师要立刻说出该成员的名称。

【注意事项】

（1）对于发生器的选择，要以柔软的物品为主，避免坚硬的物品伤到人。

（2）在抛扔发生器时，要以抛物线的方式有缓冲地进行，不可横冲直撞，以免伤人。

（3）由于团队活动时的音量会比较高，抛接发生器时可能相对应的教师没有注意到，因此在活动开始之前要先喊出对方的姓名，并且要确定对方已经注意到之后才能继续进行活动。

【引导反思】

（1）知道彼此的名字对于组内成员来说有什么好处？

（2）当成员能够叫出你的名字时，你有什么样的感受？

（3）我们可以通过什么样的方式或表述，以使别人能够更容易地记住自己？

猜猜我是谁？

——新教师入职教育体验式活动设计

【活动目标及意义】

为新教师在入职初期与团队成员相互认识提供机会。在入职教育开始阶段，团体处于形成期，在体验式游戏中，利用有趣味、亲和力的活动，让教师们彼此熟悉。此阶段的顺利实施有助于新教师团队雏形的形成，并可以有效推动后续团队沟通与合作行为的产生。

【参与人数】

20人左右。

【活动准备】

（1）器材选择：选择不透明的幕布一块，约3米×2米。

（2）场地选择：室内或室外。

【时间设置】

20分钟左右。

【活动流程】

（1）引导员需要另外一个人帮助其拉住幕布的另外一边。

（2）将组内的教师随机平均分为2组，分别站在幕布的两端。

（3）活动开始之前，要求所有新教师全部蹲下，在引导员将幕布放下前，双方需要派出代表，蹲在幕布的前方，而当幕布放下时双方必须站起来并且喊出对方的名字，喊出名字较慢的一方需要加入到对方组，直到一方人数比对方人数多出5人，活动结束。

【活动规则】

（1）在活动中，不能使用新教师的外号、昵称等。

（2）在活动过程中，衡量双方是否获胜的标准是喊出名字的准确性以及时间先后。

（3）组内其他教师不可以为派出的代表提供帮助。

【活动变化】

（1）可以采用多人进行游戏的方式，即增加幕布前游戏人员的数量。

（2）如果双方成员都彼此较为熟悉，则可以增加游戏的难度。例如，猜成员物品的归属，即双方各出一人蹲在幕布前，两人都拿着各自组成员的物品，当幕布落下时，参加游戏的成员猜出对方物品的归属者的名字，答出较快的一方获胜。输者归属到对方组。

【注意事项】

（1）双方成员在幕布前蹲下时应避免踩到幕布跌倒。

（2）参加游戏的人不应距离拉幕布的人员太近，以免在游戏的过程中发生磕碰。

【引导反思】

（1）游戏如果持续下去最后哪组会赢？

（2）参加游戏的所有教师中谁的名字最容易识别？为什么他（她）的名字最容易识别？

【备注】

（1）在第二种活动中，新的活动规则要求各小组成员之间要运用咨询、讨论的手段来赢得活动的最终胜利，而不是用眼睛去分辨。这样的活动方式对于整个团队的意义，在于引导员能够使小组成员正面描述其他人，在适当的时候提醒成员要尊重彼此。每个新教师都有其不同于他人的特点，如性别、身高、身体的能力等。这个团队活动的主要目的是让成员能够正面对待其他新教师。

（2）提醒团队教师，活动中的胜负只是为了使活动变得更加有趣。在游戏的过程中，引导员要注意是否有新教师质疑引导员的判决，如对喊出名字的先后的判决，这时引导员要进行公平的判决，或取消这个回合等。

姓名接力

——新教师入职教育体验式活动设计

【活动目标及意义】

为新教师在入职初期与团队成员相互认识提供机会。在入职教育开始阶段，团体处于形成期，在体验式游戏中，利用有趣味、有亲和力的活动，让教师们彼此熟悉。此阶段的顺利实施有助于新教师团队雏形的形成，并可以有效推动后续团队沟通与合作行为的产生。

【参与人数】

20人左右。

【活动准备】

（1）器材选择：一块秒表。

（2）场地选择：室内或室外。

【时间设置】

20分钟为宜。

【活动流程】

（1）让参加活动的新教师围成一个圆圈并依次介绍自己的名字，或是希望别人怎样称呼自己。

（2）从成员中选出一个人，以他为中心，向左或者右的方向进行活动，只能选择一个方向。

（3）活动以选出的人员说出自己的名字为开始，此时引导员用秒表开始计时。

（4）当第一个成员说完自己的名字后，下一个成员要立刻说出自己的名字。

（5）整个活动的过程是随着圆圈持续的，只要有一个人说完自己的名字，他之后的人员就要马上说出自己的名字。

（6）当参与活动的所有成员都说完自己的名字后，引导员停止秒表的计时并且记录下时间。

（7）当一轮活动结束后，引导员询问成员能否完成得更快，可以让他们去讨论，并且关注团队所有成员的变化，同时也为下一次活动设定目标时间。

（8）如果可以成功，则让他们进行多次尝试。

【活动变化】

如果还想提高活动的难度，则可以从两个方向同时进行，当第一个成员说完自己的名字后，他左右两边的人都要进行报名字接力，最后计算传回到第一个报名字成员的时间，比较哪边所用的时间较短。

【引导反思】

（1）第一次活动是如何开始的，并且在开始之后发生了怎样的事情？

（2）在改变模式后，组内成员讨论时整个组织发生了什么改变？怎么样发生的？

（3）组内成员是如何决定目标时间的？这样的目标所有成员都同意吗？

（4）在改变活动方式的过程中，哪部分是最难以完成的？

（5）在活动结束之后，思考/讨论如果再有一次机会的话你们会怎么做。

【备注】

引导员总是会被问到一些问题，如什么才算是符合规则的？在活动中什么是能做的，什么是不能做的？另一边成员的名字比我们这边成员的名字短，可不可以将我们成员的名字缩短？当我自己说完名字后我可以拍一拍之后的成员吗？对于这些问题，引导员通常给出的答案是“可以”。因为以上相关问题都是团队思考之后的结果。

“进化论”

——教师体验式热身活动设计

【活动目标及意义】

热身活动的目标在于帮助参加培训的教师之间，以及与引导员之间建立良好联结，消除他们对陌生环境的焦虑感。引导员往往通过热身活动来创建良好的团队学习氛围，营造轻松的沟通互动环境。此阶段的顺利实施，有助于团队凝聚力的产生，并推动团队整体意识的初步形成。

【参与人数】

30人左右。

【场地选择】

室内或室外，场地要空旷平整。

【时间设置】

15分钟为宜。

【活动流程】

（1）情景塑造：我们的游戏活动从蛋开始，然后蛋进化成鸡，鸡进化成原始人，原始人进化成咸蛋超人，咸蛋超人进化成圣人等。

（2）引导员介绍每个物种所代表的形象动作。

（3）每个人都从蛋开始，蛋跟蛋竞争，赢的进化成鸡，输的继续停留在蛋（最低级阶段）的状态；鸡跟鸡竞争，赢的进化成原始人，输的变成蛋；以此类推。

【活动规则】

通过猜拳的方式来决定两个同物种间的竞争是进化还是退化。

【活动变化】

引导员可自行变换不同的角色，如种子、豆苗、小树、大树。

【注意事项】

在活动过程中，应特别小心团队成员间有可能发生的碰撞，避免出现危险。

猎人与鸽子

——教师体验式热身活动设计

【活动目标及意义】

热身活动的目标在于帮助参加培训的教师之间，以及与引导员之间建立良好联结，消除他们对陌生环境的焦虑感。引导员往往通过热身活动来创建良好的团队学习氛围，营造轻松的沟通互动环境。此阶段的顺利实施，有助于团队凝聚力的产生，并推动团队整体意识的初步形成。

【参与人数】

14人左右。

【活动准备】

（1）器材选择：根据人数确定，人手一个可抛掷的软物品，如软球、橡皮球、毛绒玩偶等。

（2）场地选择：室内或室外。

【时间设置】

20分钟为宜。

【活动流程】

（1）情景塑造：有一个传言在猎人之中流传：打中鸽子最好的方法就是保持你的眼睛锁定一只，而且是你希望能得到的那一只。我们知道鸽子通常都是成群飞行的，若是你关注整个群体，那么，最后很有可能一只也得不到。同样的想法也应该用于这个活动中，所以，此活动就称为“猎人与鸽子”。

（2）让团队成员围成一圈，邀请一位志愿者到圆圈中间，这个人就成为“猎人”。

（3）给围成圆圈的每一个人分一个软物品，这些物品就代表“鸽子”。

（4）“猎人”数“1，2，3，丢”，然后其他人就将他们的“鸽子”面对“猎人”的方向抛向空中，“猎人”就要尽可能抓到“鸽子”。

（5）给每个团队成员轮流站在中间的机会。

【活动变化】

（1）可增加圈内“猎人”的数量。

（2）可以变化“鸽子”的形状和个数。

（3）改变圆圈的大小。

【注意事项】

（1）注意抛掷物品时的力度和高度，不能直接用“鸽子”砸“猎人”，应该以抛物线的弧度将物品丢向“猎人”上方的空间。

（2）可能造成伤害的投掷物是绝对不能使用的，如坚硬的东西、含金属或硬物的玩具娃娃等。

雪花片片

——教师体验式热身活动设计

【活动目标及意义】

热身活动的目标在于帮助参加培训的教师之间，以及与引导员之间建立良好联结，消除他们对陌生环境的焦虑感。引导员往往通过热身活动来创建良好的团队学习氛围，营造轻松的沟通互动环境。此阶段的顺利实施，有助于团队凝聚力的产生，并推动团队整体意识的初步形成。

【参与人数】

14人左右。

【活动准备】

（1）器材选择：每人一张A4大小的空白纸（需要薄一点儿的纸以方便撕开）。

（2）场地选择：室内或室外。

【时间设置】

20分钟为宜。

【活动流程】

（1）情景塑造：我们当中有很多人曾经有过这样的经验，当领导者给予指令后，却有着与预期完全不同的反应或结果出现，或者是曾经接受来自他人的指令，在以为完全了解之后，却发现两人对当时所说的理解有所出入。（这项活动可以聚焦有效沟通和领导的议题）

（2）发给每个成员一张A4大小的空白纸张，告诉团队成员接下来要利用手中的这张纸做个活动。

（3）请大家听从引导员的指令来折这张纸，在折纸的过程中，团队成员若有问题可以随时发问。

（4）要求所有团队成员闭上眼睛，然后依次做下列动作：①沿着较长边将纸对折，然后在右下角撕下一个正方形，可以将撕下来的纸先放在口袋里；②再将纸对折，自右下角撕下一个三角形；③再将纸对折，在右下角撕下一个半圆形。

（5）在大家睁开眼睛之前，引导员询问每个人感觉自己是否成功地按照步骤完成了指令，以拇指向上或向下来表示。

（6）确认团队成员都完成上述动作后，引导员要求大家将纸打开成为最初的大小。

（7）请大家保持拇指向上或向下的姿势，并睁开眼睛看看最后的结果。

【引导讨论】

（1）当你们看四周其他人的作品时，你们观察到什么？

（2）是什么因素导致你们有相同或不同的结果？

（3）你们觉得你们已经了解领导者的指令了吗？如果没有，你们有采取什么行动吗？

（4）身为领导者，你们可以从这个活动中学习到什么样的经验？

（5）我们应该从这个活动中学习到什么？

（6）你们要如何改变，以便在未来能更成功、更清楚地沟通及了解？

【备注】

（1）当结果呈现时，由于结果和预期反差较大，团队成员会将造成这一结果的原因归咎于引导员的指令不够明确，表述不够清晰。如果有类似的情况发生，引导员首先要承认，自己给予的指令或许有模糊之处，然后引导团队成员思考：为什么会有这样的情形发生呢？并和团队成员一起讨论原因。此时，切记不要只想为自己辩白，而是要扮演接受者的角色，毕竟这个结果的呈现是引导员有意为之的。

（2）这个活动的重点是突显每个人都是个性化的个体。他们的价值观、解读事情的方式各不相同。不能说谁的结果比谁好，在这个活动中，没有谁的结果是较好或不好的。

（3）总结时可深入讨论：①团队成员之间的差异性导致结果不同，在某些情况下，差异性是一股力量；②更清晰、更明确的指令就会产生更好、更一致的结果，虽然有时候提供更多、更复杂的咨询也有可能导致困惑不清的结果。

21 点

——教师体验式合作活动设计

【活动目标及意义】

沟通活动的目的在于提高教师团队的沟通效果和使教师克服沟通障碍。引导员所选择的活动被用来审视当下团队整体的沟通效率。此阶段的有效实施，有助于团队教师了解彼此间的沟通方式、沟通风格，以及常见的沟通障碍，以形成团队特定的沟通渠道和方式，并推动团队在面对困境时达到良好的沟通效果。

【参与人数】

20人左右。

【活动准备】

（1）器材选择：扑克牌。

（2）场地选择：室内或室外。

【时间设置】

60分钟为宜。

【活动流程】

（1）邀请大家围成一个圆圈。

（2）情景塑造：扑克牌是大家非常熟悉的，今天我们一起尝试一种另外的玩法。（可以让大家先描述一下自己所知道的扑克牌玩法）

（3）每位团队成员从引导员手中抽一张扑克牌，在活动开始之前，请大家务必保护好自己手中的牌不被任何人看见（包括本人）。

（4）活动目标：通过加减乘除的计算方式，和团队其他成员组合成21点。一旦完成，立即坐下，直到所有的人都坐下才算任务完成。

【活动规则】

（1）根据牌面上的点数来计算，J、Q、K均按10计数，A按1或11计算，其余不变。

（2）活动一共有四次机会，最好的一次成绩代表该团队的最终成绩。

（3）活动开始前不能偷看牌。

【注意事项】

（1）在活动刚开始的时候，由于团队成员未完全明确目标，无法形成内部的共识，忙于和身边的个别人进行沟通和交流，希望最快完成任务。但当团队成员发现自己完成任务并不代表团队任务完成时，团队成员对如何达成目标开始讨论。

（2）如果团队成员迟迟无法形成对目标的共识，引导员可以适当介入，以协助团队成员明确目标。

【引导反思】

（1）完成任务的过程让你想到了什么？

（2）用时最长的那次挑战发生了什么？

（3）最快的方法是如何产生的？

（4）有无更快的可能？

（5）我们到底需要几个21点？

牵手结

——教师体验式合作活动设计

【活动目标及意义】

沟通活动的目的在于提高教师团队的沟通效果和使教师克服沟通障碍。引导员所选择的活动被用来审视当下团队整体的沟通效率。此阶段的有效实施，有助于团队教师了解彼此间的沟通方式、沟通风格，以及常见的沟通障碍，以形成团队特定的沟通渠道和方式，并推动团队在面对困境时产生良好的沟通氛围。

【参与人数】

14人左右。

【场地选择】

室内或室外。

【时间设置】

30分钟为宜。

【活动流程】

（1）请团队成员围成一个圆圈，尽可能缩小彼此之间的间隙。

（2）请所有团队成员将他们的左手放到圆圈的中间，然后，让每个人去握住圆圈中对面某个团队成员的左手。

（3）接下来，请所有团队成员将右手放到圆圈中央，然后，让每个人去握住圆圈中对面某个团队成员的右手，要确定没有人抓同一人的左右手。

（4）这个活动的目标是在所有人不放手的情况下，一起解开这个牵手结，所以当他们完成后，他们应该是在一个大圆圈中。

【活动变化】

当团队的人数过多或是整个团队停滞不前，全部成员都已挤在一起时，引导员可视团队状况，给予团队一些协助或支持，如提供几条绳子，作为手的延长，帮助团队更清楚活动状况以及有更大的空间。

【注意事项】

（1）一次只能有一个人移动，如有人的手已经被扭转或拉太紧，让他先放开另一个人的手，调整自己的手做出一个比较舒服的姿势，然后再将手牵起来。提醒团队成员小心他们的背部、手肘部和腰部，防止扭伤。

（2）这个活动如果是超过15个人的团队，在没有让团队成员放开手时，他们就很难解开，但少于8个人时，就比较容易完成了。

【引导反思】

（1）一开始当你们看到团队的手打结时，你们的感受如何？

（2）你们觉得结是容易打开的吗？你们是如何让结打开的？

（3）在解开结的过程中，你们有领导者出现吗？

（4）你们觉得这个乱七八糟的结与你日常生活中的什么东西相似呢？

【备注】

根据团队成员一开始手的连接情况，可以判断出他们在最后是否能够形成一个圆圈。有时候牵手结解开后不只是一个圆圈，有可能依旧还是结。如果团队已经操作很久，而且他们已经很努力地去尝试后仍然还没能达到要求，引导员应该适时介入，让团队中的两个人放开手，快速调整好适当的位置后，再牵上继续活动。

盲　屋

——教师体验式合作活动设计

【活动目标及意义】

沟通活动的目的在于提高教师团队的沟通效果和使教师克服沟通障碍。引导员所选择的活动被用来审视当下团队整体的沟通效率。此阶段的有效实施，有助于团队教师了解彼此间的沟通方式、沟通风格，以及常见的沟通障碍，以形成团队特定的沟通渠道和方式，并推动团队在面对困境时达到良好的沟通效果。

【参与人数】

14人左右。

【活动准备】

（1）器材选择：30米长的拉旗绳、眼罩。

（2）场地选择：室内或室外，较宽敞的场地。

【时间设置】

40分钟左右。

【活动流程】

（1）情境塑造：在工作中你们是否曾经有过这样的感觉，在面对一个问题时，自己并不能看到整个局面，就好像被遮蔽了视线。在谈论计划的时候你们都想得很清楚，但在开始完成任务的过程中，你们却是看不见问题的。

（2）活动的目标：所有成员蒙上眼睛，将这条绳子围成一个正方形。

（3）让团队自行设定目标时间，即总共需要多久来完成这项活动，在这段时间内，他们可以自由决定讨论的时间。

（4）讨论完成后，在开始活动之前，所有团队成员都必须用眼罩蒙住眼睛，要尽可能在最短的时间内围好正方形。

（5）当整个团队觉得已经完成任务，就把团队最后塑造成的形状放在地上。一旦绳子被放在了地上，团队成员就可以拿掉他们的眼罩，看看他们所塑造出来的形状。

【活动规则】

所有团队成员都必须随时碰触到绳子，一旦他们拿到绳子就不能双手放掉或是把它再抓回来，然而他们可以在绳子上滑动他们的手做调整或是放松。

【活动变化】

（1）比较容易的方式是允许有一位团队成员不蒙眼来指挥其他蒙眼的成员。

（2）可以让团队塑造其他形状，塑造这些形状都会比塑造正方形还要困难。

（3）为了增加看不见的效果，可以让团队成员一开始就蒙眼，通常当眼睛看不见时，对行动的讨论就会比较困难，因为比较难整合团队和管理对话的效率。

（4）团队在讨论过程中可以用到绳子，一旦他们决定开始活动，就要在整个团队蒙眼后，再将绳子放置在某处。团队在塑造形状前，要先找出绳子的所在（绳子不能放太远也不能藏起来），此时就更要注意每个团队成员的移动方向。

【注意事项】

（1）提醒团队教师，一旦蒙眼后，双手就要放在胸前，做好缓冲的准备。

（2）事先移走危险的障碍物，或是在团队成员接近危险时，先制止他们。

（3）当有团队教师觉得戴眼罩不舒服时，可以允许他们拿掉眼罩，安静地走出来，然后观察活动的进行。

（4）这个活动的实际操作会比预设要困难许多，所以引导员需要限制时间，以确保团队成员不会在蒙眼太久后产生挫败感。

【引导反思】

（1）在整个完成任务的过程中，发生了什么事？

（2）团队计划的过程是如何有效进行的？每个人都对如何完成任务有清楚的了解吗？

（3）你们是否有效地执行计划？如果有，是如何执行的？如果没有，是因为什么？

（4）你们如何去克服在看不见的情况下完成时任务遇到的困难？

（5）当实际执行的任务未按预期计划进行时，团队做了什么应变？

（6）在刚才的活动过程中，你们知道身为团队的一分子，你们所扮演的角色与被赋予的责任是什么吗？

（7）你们从这个活动中所得到的经验如何落实在实际生活中？

七巧板

——教师体验式合作活动设计

【活动目标及意义】

合作活动的目标在于通过一系列活动让团队教师审视彼此之间的关联程度与互动关系，以此为团队教师提供建立共识的机会。在活动中，团队内部面对困境时的分工与决策、计划与组织等领导与被领导的关系，使团队内部的分工合作逐渐明确，团队成员解决问题的能力得到提升。随着团队内部共识的逐渐形成，团队将向学习共同体阶段发展。

【参与人数】

14～21人。

【活动准备】

1. 器材选择

每人一个坐垫或椅子、5套不同颜色的七巧板、拼图、记分表。任务书提前写好，共7份，如下：

（1）任务书——第1、3、5组。第一，用5种不同颜色的板拼出拼图1～拼

图5，每个10分。第二，用同种颜色的板拼出拼图7，20分。第三，用7块板拼成一个长方形，30分。

（2）任务书——第2、4、6组。第一，用同种颜色的板拼出拼图1～拼图5，每个10分。第二，用5种不同颜色的板拼出拼图7，20分。第三，用7块板拼成一个长方形，30分。

（3）任务书——第7组。第一，领导其他6个组完成各自任务，总分要求达到100分。第二，指挥其他6个组用同色7块板组成5个正方形，每个得分60分（各小组得40分，本组得20分）。第三，本组得分为各小组总得分的10%。

2. 场地选择

室内或室外，每组之间距离1.5米，7个组分别为正六边形的6个顶点和1个中心点。

【时间设置】

90分钟为宜。

【活动流程】

（1）先把团队教师随机分为7个组。

（2）根据事先布置好的编号，让7个组的教师分别坐到自己的区域。

（3）活动目标：团队需要完成的任务已经写在任务书上。团队必须在规定的时间（40分钟）内完成才算成功（时间越短，越能显示出团队的优秀）。

（4）把35块七巧板随机发给7个组，每组5块（或任意数量）。

（5）提醒大家在使用七巧板时注意安全，只能手递手，严禁抛扔。

（6）然后，将拼图1～拼图7按顺序发给7个组；最后将任务书按顺序发给7个组。

（7）向所有人宣布活动开始。

【活动规则】

每个人所坐的位置都是不可以移动的，在活动进行过程中，所有人的身体不得离开座位。

【注意事项】

（1）每个图形被组成后，引导员需要确认图形正确与否，符合要求的在记分表上记分。

（2）强调七巧板不允许抛、丢、抢，以免误伤他人。

（3）活动中允许移动七巧板中的图形。

【引导讨论】

（1）在整个过程中，发生了什么事？你们听到的什么声音是让你们印象最深刻的？

（2）听到任务后你们是怎样去执行的？

（3）完成目标过程中最大的障碍是什么？团队是如何克服困难的？

（4）如果还可以再来一次，要想做得更好，我们需要对目前的状况做出怎样的调整？

（5）活动中的问题是否也曾经在工作中出现过，是什么？

（6）如果你从活动中得到一些启示，哪些经验会给你的工作带来帮助？

地雷阵

——教师体验式合作活动设计

【活动目标及意义】

合作活动的目标在于通过一系列活动让团队教师审视彼此之间的关联程度与互动关系，以此为团队教师提供建立共识的机会。在活动中，团队内部面对困境时的分工与决策、计划与组织等领导与被领导的关系，使团队内部的分工合作逐渐明确，团队成员解决问题的能力得到提升。随着团队内部共识的逐渐形成，团队将向学习共同体阶段发展。

【参与人数】

14人左右。

【活动准备】

（1）器材选择：界线绳一条、障碍物若干、眼罩每人一个、整理箱。

（2）场地选择：室内或室外皆可。

【时间设置】

90分钟为宜。

【活动流程】

（1）场地布置：用绳子围出一个范围，在其中撒满各式玩具（如娃娃、球、老鼠夹、飞盘等）当作障碍物。

（2）学员两人一组，请他们协助自己的伙伴通过“地雷阵”。

（3）活动目标：在最短的时间内通过“地雷阵”。

【活动规则】

（1）一个人指挥，一个人被指挥。

（2）指挥者：只能在线外，不能进入“地雷阵”中，不能用手扶伙伴。

（3）被指挥者：用眼罩蒙住眼睛通过“地雷阵”，过程中一旦脚踩到任何一个障碍物就要重来。

【活动变化】

（1）碰触到障碍物的结果可以有所变化，碰到障碍物可以继续活动，也可以计算碰到的次数，或重新开始。

（2）另一个处理碰到障碍物的方式是要求每组设定目标，即他们认为会发生几次碰触，他们能否比预期做得更好。

（3）可让团队成员从不同边走入“地雷阵”，使他们发生方位混淆，增加挑战性。

（4）“地雷阵”的障碍物可以包括较大的物品（如椅子、板凳等），必须跨过那些东西或是穿过（如呼啦圈）。

【注意事项】

（1）提醒戴眼罩的团队成员要有缓冲的手势（双手举起来放胸前）。

（2）“地雷阵”内要放足够的物品才有挑战性，但也不要太多，以免团队成员无法完成任务。

（3）有些人会觉得戴眼罩不舒服，也可以让他闭上眼睛（重要的是将选择性挑战的理念引导到遵守承诺）。

【引导反思】

（1）请问各位在通过“地雷阵”的时候有什么感觉？

（2）平常你在跟其他人互动时是否需要刚才所讲的想法、做法？

（3）如果再有一次机会，我们还可以在哪方面进行加强？

【备注】

这个活动可以被隐喻为生命中的某个过程。在开始之前，让所有团队教师在气球上写下他们生命中某一刻的失望感受，然后让他们将这个气球放在“地雷阵”的某个地方，蒙眼的人要被指引找到他们的气球，然后捡起它，带出“地雷阵”，当所有团队教师都成功地穿越了“地雷阵”后，他们的失望感受就可以被消减了。

气球塔

——教师体验式合作活动设计

【活动目标及意义】

合作活动的目标在于通过一系列活动让团队教师审视彼此之间的关联程度与互动关系，以此为团队教师提供建立共识的机会。在活动中，团队内部面对困境时的分工与决策、计划与组织等领导与被领导的关系，使团队内部的分工合作逐渐明确，团队成员解决问题的能力得到提升。随着团队内部共识的逐渐形成，团队将向学习共同体阶段发展。

【参与人数】

14人左右。

【活动准备】

（1）器材选择：气球若干、胶带一卷、剪刀。

（2）场地选择：室内或室外皆可。

【时间设置】

20分钟左右。

【活动流程】

（1）将团队成员随机分成人数尽可能均等的两个小组。

（2）活动目标：每组在15分钟之内，利用手中的气球（每组30个）及胶带（长度一致），搭建一个气球塔，要求稳固、不倒，且过程中除了胶带之外不能使用外力做支撑。

（3）结束后比较各组所搭建的气球塔的高度，之后宣布第二阶段目标。

（4）第二阶段目标：将两组的气球塔集合起来，要在15分钟之内合力建成一个尽可能高的气球塔（要求至少高出于先前的高度）。

【注意事项】

在使用剪刀的过程中要注意安全，如果是青少年参与此活动，剪刀必须使用带保护头的。

【引导反思】

（1）第二阶段所建的最高的气球塔，为什么能够搭起来（或是搭不起来）？你觉得可以做得更好的地方是什么？

（2）回想一下：第一阶段分组建塔的时候你在想什么？第二阶段合力建塔的时候你又在想什么？你觉得差别在哪里？哪个阶段更难一些？

（3）分组建塔的时候考虑到要稳，合力建塔的时候也要考虑到稳吗？合在一起的时候，需要考虑的是什么？

（4）在建塔的过程中要如何运用现有的资源？

（5）在建塔的过程中，是否有人积极参与，而有些人却袖手旁观？各位的态度是什么？为什么？

（6）通过刚刚的建塔活动，你觉得团队合作的时候需要什么？

参考文献

［1］徐文琦.体验式培训理论与实务［M］.武汉：华中科技大学出版社，2017.

［2］曹春梅.体验式创新班会［M］.青岛：中国海洋大学出版社，2019.

［3］杨蕾.体验式交流设计［M］.北京：中国传媒大学出版社，2017.

［4］于述胜.体验式课程的教学知识［M］.重庆：重庆大学出版社，2012.

［5］彭学军.高中艺术课中的体验式教学［M］.上海：上海教育出版社，2016.

［6］汪国新，余锦霞.社区学习共同体的四大支柱［M］.杭州：浙江大学出版社，2016.

［7］易文华.构建学习共同体：121课堂师生学习共同体教学研究［M］.重庆：西南大学出版社，2015.

［8］秦红.构建课堂师生学习共同体［M］.上海：上海远东出版社，2006.

［9］（美）维吉·布洛克.教练技术［M］.梁立邦，译.北京：北京联合出版社，2016.

［10］张海峰，韩云洁.企业教练技术［M］.成都：西南交通大学出版社，2015.

［11］于加朋.培训教练技术培训师的真功夫［M］.广州：广东经济出版社，2009.

［12］（美）乔纳森·帕斯莫.卓越教练技术指南［M］.3版.北京：人民邮电出版社，2018.

［13］张金华，叶磊.体验式教学研究综述［J］.黑龙江高教研究，2010（6）：143-145.

［14］吕璀璀，孙明玉，宋英杰.体验式教学效果评价与优化研究——基于SBM-DEA模型的实证分析［J］.湖州师范学院学报，2015，37（4）：101-106.

［15］徐婷婷，杨成.学习共同体研究现状与未来趋势［J］.现代远距离教育，2015（4）：37–42.

［16］代蕊华，万恒.构建学习共同体中的校长教学领导力研究［J］.教师教育研究，2016，28（2）：59–63.

［17］张倩.构建体验式教学的路径探析［J］.技术与市场，2016，23（4）：216–217.

［18］任英杰，徐晓东.相互启发：学习共同体内认知机制的探究［J］.远程教育杂志，2014，32（4）：76–85.

［19］单志艳.走向中国特色教师专业学习共同体的教研组变革［J］.教育研究，2014，35（10）：86–90.

［20］李洪修，丁玉萍.基于虚拟学习共同体的深度学习模型的构建［J］.中国电化教育，2018（7）：97–103.

［21］赵迁远.教练技术之“教练”解析［J］.青岛职业技术学院学报，2018，31（4）：42–46.

［22］陆水.国内“教练技术”发展新趋势［J］.中国培训，2016（21）：46–47.

［23］叶蒲，李超平.教练对绩效提升的作用机制及其应用［J］.中国人力资源开发，2017（4）：92–100.

［24］石蕾.《与朱元思书》的体验式教学初探［D］.济南：山东师范大学，2019.

［25］毛云琪.课外活动中学校共同体的建构研究［D］.上海：华东师范大学，2019.

［26］李云霞.《积极的教练技术——源于积极心理学的教练课》（节选）翻译实践报告［D］.天津：天津师范大学，2019.

［27］许泽琦.小学数学体验式教学研究［D］.太原：山西大学，2019.

［28］张俊丽.论思想品德课体验式教学［D］.锦州：渤海大学，2018.

［29］孙明新.小学思品课体验式教学模式的构建［D］.聊城：聊城大学，2017.

［30］张尚.NLP教练技术在管理沟通中的应用研究［D］.上海：东华大学，2017.

［31］徐小明.成人学习共同体特征探索［D］.上海：华东师范大学，2018.

［32］李慧.班级建设的范式变革：由“班集体”到“班级共同体”［D］.济南：山东师范大学，2017.

［33］谢泉峰.基于网络学习空间的混合式学习共同体构建研究［D］.长沙：湖南师范大学，2018.

［34］刘燕飞.组织行为学视角下合作学习共同体研究［D］.济南：山东师范大学，2016.

［35］张丽艳.管理教练行为模型研究［D］.大连：大连理工大学，2008.

［36］陈亮.体验式教学设计研究［D］.重庆：西南大学，2008.

［37］邓玉琼.人类命运共同体的文化哲学研究［D］.北京：中共中央党校，2019.

后记

对于体验式教学活动的概念，大部分人可能还不够了解，本书是借鉴大量参考材料并结合自身的实践整理出来的对体验式活动的基本概括。人们的迷茫源自知识的匮乏，而互联网时代的来临，使我们能够更方便地获取知识。但是由于各种原因人们不愿去理解知识的内容，于是将抽象化的事物具体化成为人们学习的捷径。在这里，我作为不那么专业的“专业人士”也贡献出自己的一点儿力量，希望大家能够对体验式活动多一些了解，既丰富生活也增长知识。

经过近三年的努力，在深圳市名班主任工作室团队“幸福心体验”的积极探索下，《体验式活动，让生命点燃》最终完成了。这本书包含5章内容，约22万字。在写稿和编录的过程中，我深深地感受到时间和精力的有限，即使是体验式活动的相关知识，也不能做到样样精通，因此本人仅著写10万余字，其他部分是本人与团队成员一同参考借鉴了前人大量的研究资料和实践结果来充实书稿的内容，并收录多篇工作室成员、学员以及部分周边学校优秀教师的体验式活动设计，希望能将理论与实践更好地结合，呈现给读者。在此，向致力于体验式活动研究的前辈学者们致敬！向工作室团队和积极投稿的老师们，以及长期支持、鼓励、帮助工作室的所有专家、领导和伙伴们表示诚挚感谢！

虽然逐字逐句地斟酌调整，但由于个人的能力有限，书中难免有疏漏或不足之处，敬请专家指正。书稿中编录的部分内容未能联系到作者，本人在此代表工作室编写组表示歉意，同时也请作者第一时间与本工作室联系！

星星之火，可以燎原，希望本书能为教育大舞台提供一点点对话、反思、交流的空间！

体验式活动，让生命点燃！

李志华